政治家的故事

主　编　何晓波　梁　胜
副主编　左思路　袁学兵　戴豫吉
　　　　　肖立燕

大师名家故事系列丛书

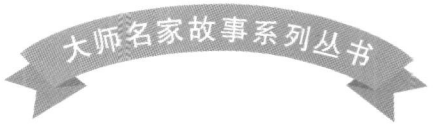

THE STORIES OF POLITICIAN

政治家的故事

何骁波　梁胜·主编

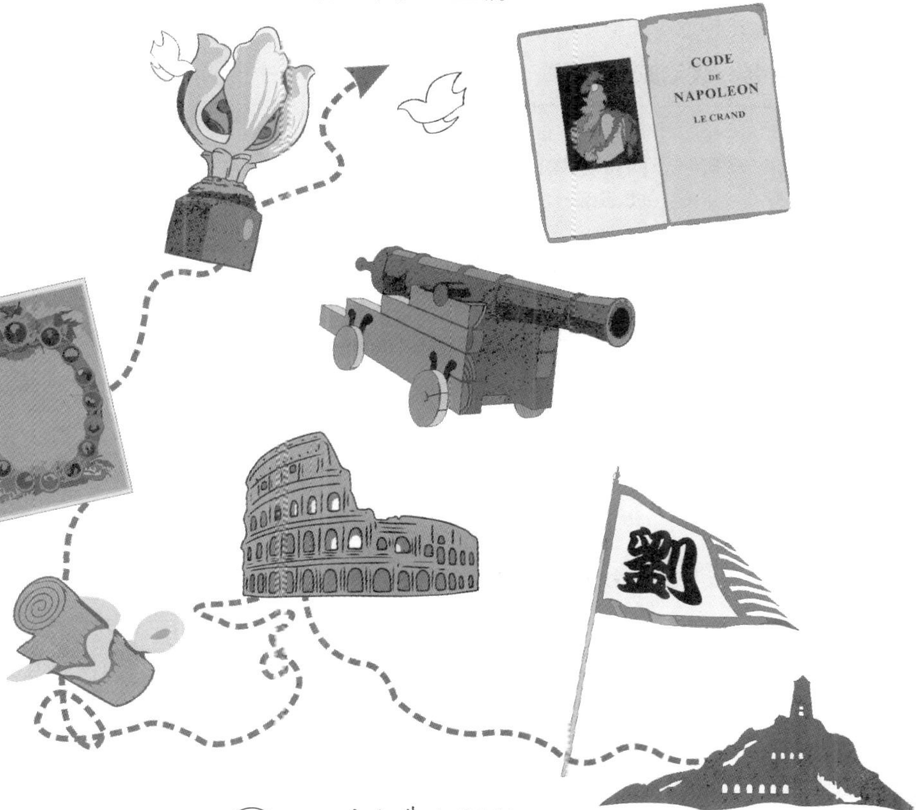

四川大學出版社
SICHUAN UNIVERSITY PRESS

项目策划：陈　纯　梁　胜
责任编辑：陈　纯
责任校对：孙滨蓉
封面设计：璞信文化
责任印制：王　炜

图书在版编目（CIP）数据

政治家的故事 / 何晓波，梁胜主编． — 成都：四川大学出版社，2021.12
ISBN 978-7-5690-3671-8

Ⅰ．①政… Ⅱ．①何… ②梁… Ⅲ．①政治家－生平事迹－世界－通俗读物 Ⅳ．① K817-49

中国版本图书馆 CIP 数据核字（2020）第 019111 号

书　名　政治家的故事

主　　编	何晓波　梁　胜
出　　版	四川大学出版社
地　　址	成都市一环路南一段 24 号（610065）
发　　行	四川大学出版社
书　　号	ISBN 978-7-5690-3671-8
印前制作	四川胜翔数码印务设计有限公司
印　　刷	郫县犀浦印刷厂
成品尺寸	148mm×210mm
印　　张	7
字　　数	188 千字
版　　次	2021 年 12 月第 1 版
印　　次	2021 年 12 月第 1 次印刷
定　　价	36.00 元

版权所有 ◆ 侵权必究

◆ 读者邮购本书，请与本社发行科联系。
　电话：(028)85408408/(028)85401670/
　(028)86408023　邮政编码：610065
◆ 本社图书如有印装质量问题，请寄回出版社调换。
◆ 网址：http://press.scu.edu.cn

四川大学出版社
微信公众号

名人名言

人所能高攀的极点超不过人所知道的高度。

——[英]克伦威尔

自由是基础。

——[美]乔治·华盛顿

我有时是狐狸,有时是狮子,进行统治的全部秘密就在于要知道什么时候是前者,什么时候是后者。

——[法]拿破仑

最完美的政府制度是那种能够提供最大的幸福、最大的社会安全和最大的政治稳定的制度

——[委内瑞拉]西蒙·玻利瓦尔

黑夜漫长;不要用睡觉来缩短它。白天很美好;不要用恶行来使它变暗。

——[阿拉伯]穆罕默德

我所需要的唯一美德就是真理与非暴力。我不需要超人的力量。我什么也不需要。我和最虚弱的同胞有一样的血肉之躯,因而我和任何人一样,也很容易犯错误。

——[印度]甘地

你若光明,这个世界就不会黑暗。你若心怀希望,这个世界就不会彻底绝望。你如不屈服,这个世界又能把你怎样。

——[南非]曼德拉

仓廪实而知礼节,衣食足而知荣辱。

——[中国]管仲

屋漏在下，止之在上，上漏不止，下不可居也。

——［中国］诸葛亮

以铜为镜，可以正衣冠；以史为镜，可以知兴替；以人为镜，可以明得失。

——［中国］魏徵

居庙堂之高，则忧其民；处江湖之远，则忧其君。

——［中国］范仲淹

海纳百川，有容乃大；壁立千仞，无欲则刚。

——［中国］林则徐

学其所用，用其所学。

——［中国］梁启超

冷静观察，稳住阵脚，沉着应付，韬光养晦，有所作为。

——［中国］邓小平

写在前面的话

　　人类社会之所以薪火相传、绵延不绝并不断走向辉煌，一个重要的原因就是人类对与自己相关的一切都怀有强烈的好奇心，并且愿意孜孜不倦地去探究、发明与创造。在认识、改造、创新世界的同时，人类也认识、改造、创新着自身。在这个充满刺激与浪漫的历程中，那些不断闪烁着智慧光辉的名字更是推动世界进步的重要力量。没有他们，也许这个世界不会是今天的模样。这些奋斗在政治、经济、军事、科学技术等各个领域的精英伟人们或用他们的道德力量，或用他们彪炳千秋的丰功伟业，穿越时空的藩篱，召唤着我们的灵魂，涤荡着我们的心灵。

走近他们，认识他们，亲近他们，在时空的轴上与他们对话，从他们创造的精神财富中吸取养分，获得创造的力量，在润泽、养育精神世界的同时，激励认识世界的勇气，提升改造世界的能力，自然成为后来者的责任。

　　虽然编写的是这样一本小册子，但我们却不敢掉以轻心，生怕损坏了一个个精致的圣品，因而总是怀着一份虔诚，一份感激，一份小心，犹如绣花一般，做着这样一件意义重大的事。

　　希望读者在阅读这些故事的时候能与我们产生共鸣！

　　人物故事以时间顺序排序。

　　向所有被引用文献的原创作者致以崇高的敬意。

编　者

2020.5

目 录

第一部分 外国政治家的故事

伯里克利 ……………………………………………… （ 3 ）
亚历山大 ……………………………………………… （ 10 ）
盖乌斯·尤利乌斯·恺撒 …………………………… （ 16 ）
穆罕默德 ……………………………………………… （ 21 ）
查理大帝 ……………………………………………… （ 26 ）
克伦威尔 ……………………………………………… （ 31 ）
彼得一世 ……………………………………………… （ 36 ）
乔治·华盛顿 ………………………………………… （ 41 ）
拿破仑·波拿巴 ……………………………………… （ 46 ）
西蒙·玻利瓦尔 ……………………………………… （ 51 ）
亚伯拉罕·林肯 ……………………………………… （ 56 ）
莫罕达斯·卡拉姆昌德·甘地 ……………………… （ 61 ）
列 宁 ………………………………………………… （ 66 ）
温斯顿·丘吉尔 ……………………………………… （ 71 ）
斯大林 ………………………………………………… （ 77 ）
富兰克林·罗斯福 …………………………………… （ 82 ）
夏尔·戴高乐 ………………………………………… （ 87 ）
曼德拉 ………………………………………………… （ 93 ）
菲德尔·卡斯特罗 …………………………………… （ 99 ）

第二部分 中国政治家的故事

管 仲 ………………………………………………… (107)

商　鞅…………………………………………………（113）
诸葛亮…………………………………………………（117）
王　猛…………………………………………………（123）
房玄龄…………………………………………………（127）
魏　徵…………………………………………………（132）
范仲淹…………………………………………………（137）
王安石…………………………………………………（142）
张居正…………………………………………………（147）
曾国藩…………………………………………………（153）
林则徐…………………………………………………（157）
康有为…………………………………………………（162）
梁启超…………………………………………………（169）

第三部分　政治学史话

一、外国政治学简史……………………………………（183）
二、中国政治学简史……………………………………（197）

附录1　政治大事记……………………………………（206）

附录2　外国著名政治家中英文对照表
　　　　（按英文名首字母顺序排列）………………（211）

参考文献………………………………………………（213）

·第一部分·
外国政治家的故事

伯里克利

> 古希腊奴隶主民主政治的杰出代表，雅典全盛时期的政治家和演说家；把雅典民主政治推向鼎盛，被称为"雅典第一公民"。

伯里克利（公元前495年—公元前429年），出生在雅典一个名门显贵家庭。其父克山提波斯是一位杰出的政治家和军事家，参加过希波战争，担任过雅典舰队的司令官，指挥了著名的米卡尔海战。伯里克利从小就深受父亲的影响。母亲阿加里斯特，出身于在雅典政坛长期有重大影响的阿尔克麦昂家族，与别的母亲不同之处就在于她对孩子倾注的爱，不是琐碎的衣、食、住，而是把对孩子的智力教育放在了第一位。她关心政治，更关心伯利克利的成长。那时的雅典公民家庭，一般都有这样的认识：一个对城邦毫无用处的公民的后代，不仅是城邦的不幸，也是公民母亲一生中最大的痛苦。因此，雅典公民家庭都比较重视对子女的培养和教育，伯里克利的父母更是如此。他们教他学习希腊语，教他读书识字，给他讲英雄故事，对他灌输爱国主义思想，学会处理自己力所能及的事情。

父母请来了当时最优秀的哲学教师兼科学家安纳克萨哥拉担任伯里克利的家庭教师。在安纳克萨哥拉指导下，伯里克利形成了朴素的唯物主义思想和辩证分析思维。伯里克利的音乐教师是雅典著名的音乐家达蒙和泽诺，在达蒙和泽诺指导下，伯里克利对音乐艺术产生了浓厚的兴趣，品德得到陶冶与升华。此外，他还苦学雄辩术，提高自己的演说能力。

公元前472年，伯里克利初露头角，出资承办埃斯库罗斯创作的《波斯人》一剧的演出。公元前466年，伯里克利追随埃菲阿尔特斯，成为雅典民主派的代表。希波战争胜利后，以战神山议事会为大本营的雅典保守势力逐渐抬头，代表人物是客蒙。埃菲阿尔特斯和伯里克利不断揭发控告战神山议事会成员贪污腐化、滥用公权力的行为，并于公元前463年左右弹劾客蒙，指控他在培索斯战争中接受马其顿王国的贿赂。虽然后来客蒙被判无罪，但贵族派势力因此遭到沉重打击。公元前462年，客蒙不顾民主派的反对，率军援助斯巴达镇压黑劳士起义。埃菲阿尔特斯和伯里克利趁机掌握政权，并进行政治改革。消息传来，斯巴达人对雅典援军猜疑不已，终于劝他们收兵回国。客蒙遭到碰壁，败兴而归，民主派与雅典公民更认为客蒙此行使雅典蒙受巨大耻辱。公元前461年，客蒙被放逐。不久，埃菲阿尔特斯遭暗杀，伯里克利遂成为雅典的民主派和国家政权的重要领导人。

客蒙于公元前450年去世后，伯里克利进一步控制了政局，从公元前443年到公元前429年,伯里克利每年连选连任雅典最重要的官职——首席将军,完全掌握了国家政权。在伯里克利的领导下,雅典的奴隶制经济、民主政治、海上霸权和古典文化臻于极盛,被称为"希腊的希腊",成为其他城邦制国家学习的典范。公元前431年爆发了雅典与斯巴达之间的伯罗奔尼撒战争,战争带来瘟疫,公元前429年,伯里克利不幸染上瘟疫逝世,在这场瘟疫中雅典人口也损失过半。

在古希腊语中,民主一词是由人民和权利两词合成的,即人民的权利,人民的统治之意。伯里克利代表了雅典工商业奴隶主和中下层自由民,特别是海员、佣工等第四等级公民的利益。他的国内政策以加强民主政治为核心,逐步通过了一系列的法令和措施,强化人民民主权利。

一是剥夺战神山议事会政治权力,使之分别归属公民大会、五百人会议和陪审法庭。在这之后,战神山议事会只审理带有宗教性质的案件和事务。公民大会、陪审法庭和五百人会议摆脱了战神山议事会的牵制,完全成为雅典国家的最高权力机关和执行机构。

公民大会实现了直接民主制,而非代议制:凡年满20岁的雅典公民都要直接参加公民大会,选举出城邦重要的公职人员。其职权是选举和评审政府官员、修改法律、平衡财政收支、决定宣战和媾和、缔结和解盟约、评定军功等。公民大会是雅典最高权力机关,不定期举行会议,一般每月举行两到四次,每个公民在大会中都有选举权。伯里克利说:"一个公民只要有任何长处,他就会受到相应提拔,担任公职,都是对他优点的赏赐,跟特权是两码事。贫穷也不再是障碍物,任何人都可以有益于国家,不管他的境况有多黯淡。"公民大会用抽签的方式选举出五百人议事会、陪审员和一般行政人员。

在审判方面:雅典城邦设立了十个陪审法庭,由十个部落从

30岁以上的男性公民中选举组成，每部落各选600人；由公民大会选举，任期一年，不得连任。陪审法庭作为最高司法机关，有权受理公民的申诉。对案件的受理采用开庭方式，经过原、被告的辩论后，由陪审员秘密投票，得票多者胜诉。因陪审判决既是一审判决也是终审判决，故陪审官的任何投票都具有最高效力。

在监察方面：公元前500年左右，雅典的监察制度已经相当发达，陪审法庭除是最高司法机关外，还是最高监察机关，有批准或否决五百人会议的权力。此外公民也可以行使监察权。在雅典，官员的当选必须经过公民的严格监察。其一，在任职前其资格需先经审查，包括：出身、财产、人品、信仰、是否尊重父母、是否服兵役等。以执政官为例，其资格由五百人议事会做初审，如有问题则提交法庭判决决定是否任职。其二，官员任职期间也要受到审查。如执政官和将军在每一主席团中都要举行一次信任投票，看他是否称职，如果这种投票反对任何一个官员，他便要到陪审法庭受审，如有罪，则判决他受刑罚或处以罚金，如果无罪，他将复职。其三，官员在其任职期满后，还要接受审查。在其离任时，会有专人对其在任职期间的财产进行审查，如有贪污或者受贿，即送交法庭判决，通常对其课以非法所得的十倍罚金。其四，不法申诉。任何雅典公民认为某项法令违法，都有权向陪审法庭提出控诉，在控诉期，该法令暂停实施，如作肯定判决该法令就会被撤销。其五，陶片放逐法。它是克里斯提尼立法改革最富特色的一种制度，这一制度是针对那些滥用权力、危害国家利益、侵犯公民权利的官员而设置的。每个春季的公民大会上，先用口头表决方式提出是否有被放逐的人，如果有就召开第二次会议，每个人都在陶片或者贝壳上写上他认为应被放逐人的名字。

在行政方面：五百人会议作为公民大会的常设机构，负责处理政务，为公民大会准备提案和主持大会。雅典的行政官员都是义务任职，不支薪金，而且分工明确，主要有六个司法行政官、王者执政官、祖执政官和军事执政官，下面又设有各级大小官员。但他们产生的方式不太相同。六个司法执政官及他们的书记均由抽签选举，而王者执政官、祖执政官和军事执政官各有两个助理，由他们自己选举。这些人的资格在其任职之前都由陪审法庭审查，在卸任时需做报告。

二是官职开放。各级官职向广大公民开放。公元前457年后，第三等级公民取得担任执政官的资格，第四等级公民后来事实上也被允许担任此职。于是雅典全体男性公民基本上都获得了不受财产限制，通过抽签、选举和轮换而出任各级官职的权利和机会。

三是工薪制。最初，由国家给予陪审法官每日生活津贴，后薪给制扩大到大多数公职，这就为贫苦公民参加政权管理提供了一定的物质保证。

四是限制取得雅典公民身份的范围。公元前451年规定，凡父母双方皆为雅典公民者才能获得雅典公民权。

经过伯里克利的苦心经营，雅典的奴隶主民主政体日益完备。

伯里克利不仅是一个出色的政治家，也是古典希腊文化的推崇者和倡导者。他的理想和抱负是要使雅典成为"全希腊的学校"。伯里克利的时代是希腊古典文化高度繁荣的时代。世界著名的学者文人和艺术大师都荟萃于雅典，聚集在伯里克利的周围授课讲学，寻求真善美，探索宇宙的奥秘和人生的真谛。伯里克利的妻子米利都人阿斯帕西亚，才华出众，智慧过人，受到苏格拉底的推崇，不少哲学家和艺术家都成为她的座上宾，很多雅典人尤其是一些妇女都来同她求教。从公元前447年起，伯里克利大规模修建雅典卫城。他动用同盟金库贮存，先后兴建帕特农神庙、雅典卫城正门、赫淮斯托斯神庙、苏尼昂海神庙、埃列赫特伊昂神庙，以及附属于这些建筑的各种塑像、浮雕等精美绝伦、千古不朽的造型艺术杰作。伯里克利为发扬光大希腊古典文化做出了卓越贡献。

伯里克利在纪念伯罗奔尼撒战争中第一年牺牲的战士公葬仪式上，激情洋溢地发表演说：我要说，我们的政治制度不是从我们邻人的制度中模仿得来的。我们的制度是别人的模范，而不是我们模仿任何其他人。我们的制度之所以被称为民主政治，是因为政权在全体公民手中，而不是在少数人手中。解决私人争执的时候，每个人在法律面前都是平等的；让一个人担任公职优先于他人的时候，所考虑的不是某一个特殊阶级的成员，而是他具有真正的才能。任何人，只要他能够对国家有所贡献，就绝对不会因为贫穷而在政治上湮没无闻。正因为我们的政治生活是自由而公开的，我们彼此间的日常生活也是这样。当我们隔壁邻人为所欲为的时候，我们不至于因此而生气；我们也不会因此给他难看的颜色以伤他的情感，尽管这种颜色对他没有实际的损害。在我们私人生活中，我们是自由而宽容的；但是在公家的事务中，我们遵守法律。这是因为这种法律使我们心悦诚服……我们爱好美丽，但是没有因此而变得奢侈；我们爱好智慧，但是没有因此而变得柔弱。我们把财富当作可以适当利用的东西，而没有把它当作可以夸耀自己的本钱。至于贫穷，谁也不必以承认自己贫穷为耻，真正的耻辱是为避免贫穷而不择手段。在我们这里，每一个人所关心的，不仅是他自己的事务，而且也关心国家的事务；就是那些最忙于他们自己事务的人，对于一般政治也很熟悉——这是我们的特点：一个不关心政治的人，我们不说他是一个只注重自己事务的人，而说他根本没有事务。我们公民们自己决定我们的政策，我们的政策也将得到广泛的讨论。我们认为言论和行动之间是没有矛盾的，最坏的事情就是没有经过恰当的讨论，就贸然开始行动；这一点又是我们和其他地方的人民不同的地方。我们敢于冒险，同时又能够在进行这一冒险之前深思熟虑。他人的勇敢，是由于无知；当他们停下来思考的时候，他们就开始疑惧了。但是真正算得上勇敢的人是那个最了解人生的幸福和灾患，然后勇往直前，担当起将来会发生的事变之结果的人……这就是这些烈士为它慷慨而战、慷慨而死的一个城邦，因为他们只要想到丧失了这个城邦，就会不寒而栗。十分自然，我们生于他们之后的人，每个人都应当忍受一切痛苦为它服务。因为这个缘故，我说了这么多话来讨论我们的城邦，因为我要很清楚地说明，我们所争取的目标比起其他那些没有我们优秀的人所争取的目标要远大。因此，我想用实证来更清楚地表达我对阵亡将士们的歌颂。现在对于他们的歌颂最重要的部分，我已经说完了。我已经歌颂了我们的城邦，但是，使我们的城邦光明灿烂的是这些人和类似他们的人的勇敢和英雄气概。同时，你们也会发现，言词是不能够公允地表达他们的行为的。在所有的希腊人中间，有他们这种勇气的人也不会很多。

史学家在点评古希腊历史时，毫不吝惜地赞美道："这是伯里克利的黄金时代""希腊的奇迹""希腊的光荣"。用另一个表达方式就是：伯里克利造就了古希腊的奇迹、光荣与黄金时代。

亚历山大

| 世界古代史最杰出的军事家、政治家，亚历山大帝国国王。

亚历山大（公元前 356 年—公元前 323 年），出生于马其顿王国首都培拉，其父是马其顿国王腓力二世。亚历山大早年师从古希腊"百科全书式科学家"亚里士多德。他自幼聪明过人，学习伦理学、哲学、地理学、医学等，崇尚英雄，争强好胜，具有强烈的冒险精神。亚历山大的父亲注重对其军事才能的培养，在他 16 岁时，令其留守马其顿治理国家，平定国内叛乱。18 岁，亚历山大随父出征，在喀罗尼亚战役中任副统帅，立下赫赫战功，一战成名。他 20 岁时，父亲被刺客所杀，亚历山大消灭了想趁机夺权的阴谋家、叛乱贵族，巩固了自己的地位。

作为一名军事、政治领袖，亚历山大从小就表现得足智多谋，驯服烈马的故事就充分表现了他的才智。

"布彻法耳"是特萨利进贡的一匹战马，性情非常暴烈，无人能够制服得了。驯马军士只要一接近它,它就又踢又咬,搞得驯马的人很狼狈。国王腓力二世正打算将它送回去,亚历山大经过细致观察后发现这匹烈马十分害怕自己的影子,便自告奋勇要求驯马。说道:"好端端的一匹马,眼看就要被你们糟蹋了!"他的父亲和军士听闻后感到震惊和气愤,要求他离开驯马场。亚历山大说:"我可以驯服这匹马。"并要求父王把这匹马送给他。国王对他这个儿子嗤之以鼻,认为儿子目无尊长。然而亚历山大一定要试一试,父亲执拗不过,只好同意他的请求。亚历山大从军士手中接过马的缰绳,将马头朝向太阳,轻揽马缰,用手梳理它的鬃毛,低声呼唤它的名字。等到布彻法耳情绪稳定下来以后,亚历山大跳上马背,先放松缰绳由它信步漫游,当看到布彻法耳的烦躁完全消散,兴致逐渐高涨时,亚历山大策马疾行,并大声呼呵催促它加速,这样飞奔数圈才停下来。旁观的文武群臣欢声雷动,国王腓力二世高兴地说:"我的孩子,你必须建立一个更大的王国实现自己的抱负,马其顿对你而言太小了。"后来,这匹烈马成了亚历山大忠诚的坐骑,伴他征战四方,直到在今天的巴基斯坦和印度交界处与"象兵"作战时战死。

亚历山大进攻波斯帝国,立誓要做亚洲王。据传说,谁能够解开"戈尔迪之结",就能够统治整个亚洲。相传在古希腊,有个打成错综复杂的绳结,谁也看不出绳子的头和尾到底在哪里。这个绳结自古以来吸引了无数雄心勃勃的人,然而他们总是乘兴而来,败兴而归,没有一个人能打开绳结。一天,亚历山大也来到绳结边,苦思冥想时,脑中忽然想起传说中只是要求解开这个结,而没有提到必须要怎么解,他恍然大悟,向战车走去,说道"我要造就自己的原则"。然后,拔出宝剑,手起刀落,斩断了绳结,这个神秘之结就这样被他解开了,于是一个象征着旧世纪的结束与一个新纪元开始的名字——亚历山大出现了。

亚历山大在位13年,一生征战无数,从未打过败仗。他以军事征服起家，建立起西起希腊，东到印度河流域，南临尼罗河第一瀑布，北抵多瑙河的大帝国，其中最为著名的是征服波斯帝国的战争。公元前 334 年，亚历山大率领的四万马其顿军队终于在格拉尼库河遇到了严阵以待的波斯大军。波斯人在河对面沿岸排列波斯骑兵，阵线长达两公里。马其顿军队如果进攻，必须渡过水流湍急的格拉尼库河，爬上陡峭的河岸仰攻。而波斯骑兵可以居高临下倾泻箭雨，也可以冲下来攻击泅渡的马其顿军队，地形可谓相当有利。马其顿老将帕米尼奥向亚历山大建议暂缓攻击。但亚历山大执意马上进攻，因为他已经看到了波斯阵形的弱点。战役打响了，亚历山大亲率 1600 名近卫骑兵冲进河里。亚历山大身披金色铠甲，头盔上白色的羽冠高高耸立，策马冲在最前面。当他们冒着波斯人的箭雨，艰难地爬上河东岸时，波斯人已经认出了亚历山大，立刻就有多个波斯贵族冲上来和他搏斗。混战中亚历山大的长矛折断，不得不用短剑格斗，最终他赢得第一次会战的胜利。公元前 333 年，双方在伊苏斯展开第二次会战。亚历山大率领军队在伊苏斯进击波斯，刚进入波斯人的弓箭射程，敌方就万箭齐发，引得战马受惊。亚历山大率先冲向敌阵，近卫骑兵楔形阵形紧跟其后，很快他们不仅逼退了弓箭手，还冲乱了敌方的密集阵形，混战中双方阵营短兵相接，在迅猛攻势之下，波斯左翼防线被突破。波斯铁甲骑兵赶紧向敌方左翼远端发起冲锋，要不是亚历山大及时部署重骑兵发动反击，马其顿兵几近全军覆没。由于地形障碍，帕米尼奥率领的马其顿密集阵形被波斯的希腊雇佣兵反攻，遭遇猛攻和暴露的马其顿步兵和希腊雇佣军双方展开一场你死我活的短兵厮杀，前者伤亡惨重，士兵伤亡数千人，这是伊苏斯战役过程中最为残酷的厮杀。在第三次大会战前，波斯皇帝大流士在 9 月 24 日派特使求见亚历山大，提出停战请求，愿意割让幼发拉底河以西所有的波斯领土，赔款 3 万塔伦黄金，以及将一位公主许配给他作为条件。因为兹事体大,亚历山大召集将领开会,当场宣读了大流士的来信。以帕米尼奥为首的在场大多数马其顿将领表示大流士的提议可以接受,帕米尼奥对亚历山大说:"我要是亚历山大,就会接受这些条件。"亚历山大丝毫不留情面地反唇相讥:"我要是帕米尼奥,自然会接受这些条件。"对于野心勃勃的亚历山大来说,他心目中的战利品是整个波斯帝国,而不是区区西面一隅。当大流士得知亚历山大再次拒绝了他的求和后,悲愤呼喊:"亚历山大,我到底对你犯了什么不可饶恕的大罪?难道你的哪一位亲人为我所杀,因此我的暴行应得这样的惩罚?"他随即号召大家为自己的亲人和祖先的墓地而战:"我们将为生存而战,你们的父母妻子将如同我的家人一样落入敌手,除非你们以自己的血肉之躯横陈在敌人面前,保卫亲人的自由。"双方在高伽美拉进行决战。亚历山大说:"当大流士实行焦土抗战,坚壁清野之时,我绝望得不知所措;现在他准备同我决战,我还有什么可担心的呢?天哪,我的祈祷已经得到神的回应!你们都回到各自的岗位去,我马上给你们具体的指令。"嘹亮的号角声随即响起,马其顿官兵迅速出营列阵,只留下数千色雷斯轻装步兵守卫辎重马车。大流士看到左翼骑兵进展顺利,认为决战时刻已经来临,于是命令两翼骑兵全线出击。马扎依统帅的右翼骑兵部队立刻扑向坠后的马其顿左翼,从正面和侧面发动集群冲击,并派出3000精骑向纵深穿插,目标直指马其顿大营。亚历山大率领右翼进攻波斯军左翼,致使波斯军队阵形大乱,大流士败退的消息很快传到波斯右翼兵团,马扎依立刻领军撤向巴比伦,高伽美拉战役落下帷幕。亚历山大兵不血刃进入这个千年古都,被加冕为"亚洲之王"。

　　建立在武力征服下的帝国仅仅依靠武力来统治是远远不够的,面对帝国如此广大的地区,亚历山大决定采取政治联姻的手段来巩固其统治。在他征服中亚过程中,曾经迎娶了巴克特里亚王公的女儿——罗克珊娜为妻子,在他的铁骑席卷波斯时,他迎娶了波斯波利期战败的大流士国王之女——斯塔提拉，同时，鼓励自己的部下和士兵也迎娶东方女子，并亲自主持了历史上规模最大的集体婚礼。为了鼓励他们积极响应，亚历山大宣布凡是迎娶东方女子为妻的马其顿男子可以享受免税的权利。通过政治联姻，一是稳定了自己的军心，使军队可以安心作战，争取更大的胜利；二是弥合民族之间的矛盾，扩大自己的统治基础；三是更好地适应当地的风俗习惯、减少民族间的心理隔阂；四是可以有效地促进相互的学习和交流，特别是西方文明向东传播。从帝国的疆域来看，亚历山大帝国几乎包括了当时人类的文明：希腊文明、埃及文明、两河流域文明、印度文明以及从两河流域文明派生出来的犹太文明、波斯文明等。这些文明同属于亚历山大帝国管辖内，整个亚欧大陆的大交通被打通。因此，伴随着亚历山大大帝的东征，希腊文化传播到了东方，东方文化也渗入希腊文化。正是在这一过程中，东西方文化得到交流和发展。

亚历山大从公元前334年开始率领马其顿希腊联军远征东方，占领了埃及。这时，他正带着自己的卫队和一些军队从孟菲斯乘船北上到地中海沿岸地区巡视。他在拉古德小渔村上岸，看过这个地方以后，他心中产生了一个念头：想在这儿修建一座城市。这个地方位于欧亚非三洲的交通要口，是一个战略要地，以后还可以成为统治地跨欧、亚、非三洲的大帝国的都城。想到这些，亚历山大兴致勃勃，准备立即动工兴建这座城市。他亲自绘制城市草图，规划城市范围以及城内什么地方修建市场，盖多少神庙，等等。据说，亚历山大还亲自为城墙的位置画线，以便让建筑者按线施工，当时因没有画线用的材料，只得把士兵的口粮——面粉收集起来，亚历山大在前面走，跟在后面的人就往地上撒面粉，他走了一圈，城墙的位置就划出来了。不久，这座城市开始动工兴建。亚历山大还为这个城市起了名，以他自己的名字命名称之为亚历山大里亚（即亚历山大城）。它很快成为当时世界最大的城市，超过了希腊的雅典，也超过了东方的巴比伦，直至今天仍然是埃及最大的港口和仅次于首都开罗的全国第二大城。城内有宏大的剧场、美丽的公园和雄伟的宫殿以及巍峨的神庙。城内还修建了博物馆。馆内设有图书馆、动植物园和研究院等。图书馆藏书丰富，希腊著名的科学家欧几里得等人在这里从事过研究工作，并取得很高的学术成就。城里最著名的建筑物当属那座法罗斯岛上的灯塔。全塔高达130米，分塔基、塔楼、塔顶灯座三大部分，全用石料砌成，内铺沥青（柏油），塔楼内已开始使用人力升降机，塔顶灯座四面透光，内烧木柴，并用凸镜聚光，因而火光可远照数十公里，即使在白天60公里以外的海面上船只都可以看到这座灯塔，在夜间，灯塔上的火光通过凹面金属镜的反射，可以使65公里远的夜航船找到航向。

公元前323年6月13日，亚历山大因患恶性疟疾死于巴比伦，终年33岁。

由于亚历山大大帝对世界的征服，古希腊文化普及到整个中东，形成希腊化时代。也正是由于征服，促进了希腊与被征服地区的政治、经济、文化交流，客观上推动了帝国版图内的社会进步。

盖乌斯·尤利乌斯·恺撒

| 古罗马时期杰出的军事家和政治家。

恺撒(公元前102年—公元前44年),又称恺撒大帝,古罗马时期杰出的军事家和政治家,古罗马帝国的奠基人。代表作品:《高卢战记》《内战记》。

公元前102年恺撒出身于一个古罗马名门贵族家庭(又说是公元前101年或者公元前100年),他从小就被送往专门培养贵族子弟的学校,年轻时成为民主派领袖,追随盖乌斯·马略。在公元前84年与秦那(民主派代表人物)的女儿科涅莉亚结婚,受到贵族代表苏拉的迫害。苏拉要求恺撒同科涅莉亚离婚,恺撒拒绝并离开罗马,来到小亚细亚,躲过了遭放逐和被杀的威胁。公元前78年,苏拉去世,恺撒回到罗马,以辩护人的身份在法庭等处为自己或拥护者辩护或者起诉。公元前71年,恺撒任罗马保民官。公元前70年,再次参与选举,并当选公元前69年的财务官,任期一年,自动获得元老院议员资格。之后,恺撒追随庞培来提高自己的政治声望。在公元前62年,恺撒当选为大祭司和行政长官。

公元前61年，任罗马的西班牙总督一职，在公元前60年回到罗马，因在西班牙当总督时政绩突出，在公元前59年竞选中获得执政官职位。一年后，恺撒出任高卢总督。公元前49年，他挥师罗马，打败庞培，集军政大权于一身，实行独裁统治，接着消灭庞培的残余势力，出兵占领埃及和叙利亚及北非。公元前45年，出兵西班牙平定叛乱，彻底清除庞培的余党。元老院为恺撒举行了盛大的四重凯旋仪式，宣布他成为终身独裁官。恺撒执政10年，集军、政、司法大权于一身，获得了"祖国之父"的荣光。在公元前44年3月15日，恺撒被自己的政敌刺杀身亡。恺撒的一生，因为四大事件而辉煌后世。

政治结盟。苏拉死后，罗马政治陷入混乱之中。在政治上又先后出现了三个"达人"：克苏拉、庞培和恺撒。克苏拉的父亲曾担任过罗马执政官，在公元前87年遭放逐后被杀。克苏拉投靠到苏拉门下，属于苏拉派。在苏拉派贵族势力受到打击，民主派力量崛起壮大的形势下，克苏拉又转向了民主派。大约在公元前70年，在民主派的支持下，与庞培一起当选为执政官。在克苏拉培植势力的过程中，原属苏拉的一名部将庞培也在悄然地发展自己的力量。庞培出身于罗马一个贵族家庭，其父在公元前89年担任罗马执政官，后投靠到苏拉门下。在当选执政官时，为了表示倾向民主派，坚决地废除了苏拉时期的政治体制，恢复保民官的权力，清肃苏拉派分子。恺撒既没有庞培的军功又没有克拉苏的财富，但他具有敏锐的政治洞察力和高超的政治手腕。在政治上他支持庞培，取得了打击地中海海盗的胜利，又取得克拉苏的支持，解决了自己的债务问题。最后出于共同的政治需要，在对付元老院的问题上三人达成秘密协议，划分势力范围，至此三巨头同盟政治形成，史称"前三巨头同盟"。根据这个秘密协议，恺撒在公元前59年当选为执政官。在任期内不顾元老贵族的反对，推行一些有利于民主派的法令，同时也满足庞培和克拉苏的许多要求。但恺撒实力的壮大,引起了元老院和庞培的戒心,因此元老院不时地向恺撒发难,而同时克苏拉和庞培之间也摩擦不断。为进一步进行权力的制衡,巩固三巨头同盟协议,三人又于公元前56年举行了卢卡会晤,再次达成协议,恺撒续任高卢总督,出任公元前48年罗马执政官;庞培和克拉苏两人同时出任公元前55年的执政官,任期满后将分别出任西班牙总督和叙利亚总督。

征服高卢。高卢分为三个部分:山南高卢(指完全罗马化的高卢),纳尔波高卢和山北高卢(未征服地区)。公元前58年,恺撒去高卢赴任。他以罗马占领下的山南高卢为根据地,向山北高卢大举扩张,发动了大规模的高卢战争。恺撒意识到大批日耳曼人涌入高卢地区,会引起高卢地区的动乱,不利于罗马统治,决定首先打击日耳曼人。日耳曼人原住在多瑙河以北和莱茵河以东的地区,他们勇猛善战,经常被高卢地区争权夺势的部落所雇佣,并且成批地侵入高卢地区,到恺撒时期,进入高卢地区的日耳曼人已达20万人左右。公元前58年,恺撒便和日耳曼人的首领阿里奥维斯图斯进行谈判,要他们停止威胁高卢人的行动。阿里奥维斯图斯傲慢地拒绝了。恺撒一怒之下与阿里奥维斯图斯在莱茵河附近大战,日耳曼人失败。阿里奥维斯图斯乘小船渡过莱茵河逃跑了,他的两个妻子、一个女儿被杀,另一个女儿做了罗马人的俘虏。为彻底防范日耳曼人成批地涌入高卢,恺撒在公元前55年率军直抵日耳曼居住地,日耳曼曾两次派使者和恺撒谈判,但暗地里却出兵袭击罗马的骑兵,使恺撒遭到严重损失。恺撒识破了日耳曼人的谈判只是缓兵之计,所以在日耳曼人第三次派使者(都是他们的首领和长老们)前来谈判时,恺撒下令把他们全部扣下,紧接着向日耳曼发起进攻。在群龙无首的情况下,43万日耳曼人顷刻之间陷入一片混乱,许多人被杀,跳入莱茵河的也被淹死。在这次战斗中,恺撒军队竟然无损一兵一卒,创造了战争史上的奇迹。为使日耳曼人不再觊觎高卢，恺撒决定率军渡过莱茵河，深入日耳曼人的腹地，对其进行威慑、报复。恺撒用了10天的时间在莱茵河上架起一座木桥，把军队开过莱茵河。面对罗马军队滚滚铁蹄和洋洋大军，几支日耳曼人前来乞求和解，恺撒表示接受，并命令他们分别交出人质，而对企图反抗的苏刚布里人给以残暴的镇压。8天以后，恺撒认为已达到目的，于是把军队撤回高卢。

两次远征不列颠。公元前55年，恺撒集结了大约80艘运输船和许多战舰，用两个军团远征不列颠。一开始，恺撒军队遭到了不列颠人的顽强抵抗，由于指挥有方才勉强登陆。恺撒命令士兵短距离作战，即使敌人溃逃也不要追击，而是要保持阵列队形，集中兵力攻击那些仍在战斗的不列颠人。很快，罗马军队稳操胜券，不列颠人被迫交出人质，向恺撒求和。然而，就在罗马军队登陆后的第四天晚上，由于海潮和风浪毁坏了许多船只，引起了罗马军队的极大恐慌，不列颠人趁机重新起兵反抗。恺撒被迫撤离。公元前54年，罗马军队第二次远征不列颠。出征前，恺撒命军队做好了充分准备，并为渡海远征赶造和改装了600只船和28艘战舰。为解除后顾之忧，恺撒把三个军团和2000骑兵留在港口，筹措谷物和掌握高卢发生的情况。他自己带着5个军团和2000骑兵渡海远征。虽然第二次远征不列颠人没有遇到强烈的抵抗，但是高卢突然发生暴乱的消息，使得罗马军队击败不列颠军队后，匆匆回师高卢。两次远征不列颠，迫使不列颠人向罗马军队交出人质，并保证每年向罗马交纳贡赋，臣服于罗马。

政治改革。恺撒当政期间，为了巩固自己的政治地位，他实行了一系列的改革。第一，把土地分给士兵。恺撒的士兵跟随他南征北战几十年为的就是胜利。他曾经向他的士兵许诺："我把土地给你们所有的人，但不是像苏拉那样，从私人地主手里夺取土地……我分配给你们的将是公有地和我自己的土地，而如果需要的话，我还将购买土地分给你们。"恺撒按照士兵不同的官职分配了土地。与此同时，他还推行建立殖民地，在亚洲、非洲和欧洲的巴尔干半岛等地建立起殖民地安置退伍士兵。第二，改革元老院。扩大了元老的数目，从500人扩充到900人，让元老院成为咨询机构。这些新晋元老大多数是恺撒的亲信，从而巩固了其统治。第三，提高政府工作的效率。增加了财政官、营造官和大法官的人数。根据规定，除执政官竞选要有指定的人进行外，其他官职一半由公民大会选出，一半由恺撒本人推荐。第四，废除了旧罗马种种特权，把意大利各城镇的地位提高到和罗马一样，把各行省的地位扩大到与意大利一样，扩大了罗马的公民权，提高了行省和自治市的地位。实行自治城市的改革，在自治城市实行特定的管理制度，规定了议员必须具备的资格和统治的方式。第五，建立国家直接征收赋税制度，废除包税制。反对官员通过权力营私舞弊。在一些地方取消什一税，还制定了反奢侈法。如限制出售美食、建立豪华坟墓等。第六，改革历法，推行"儒略历"。改用太阳历，将每年定为365天，每4年加一天，称为闰年。从公元前45年元旦开始实施。该历法一直沿用到16世纪。

穆罕默德

> 政治家、宗教领袖，穆斯林认可的伊斯兰先知。

穆罕默德（570年—632年），阿拉伯政治家、宗教领袖，他创立伊斯兰教，为阿拉伯半岛的统一和建立统一的伊斯兰政权做出了重大贡献。阿拉伯人称其为末世先知，被誉为世界上最具有影响力的人物之一，有人称他为"世界第一伟人"。

穆罕默德出身于麦加古来西部落一个没落的贵族家庭。出生时，父亲阿卜杜拉在外出做生意的途中意外病逝。他的名字是祖父穆荅里布取的，穆罕默德本意为受称赞的人。按照麦加贵族的习惯，孩子出生后应该由乳母领养。由于家庭贫穷，没有人愿意领养他，但最后他还是被一个叫海丽麦的萨阿德妇女抱走了。

童年的穆罕默德命运多舛。5岁的时候，穆罕默德回到母亲的身边，但6岁的时候，母亲又去世了。母亲去世后他由祖父抚养，8岁时，祖父又去世了，再由他的伯父艾卜·塔里布抚养。由于伯父子女较多，生活拮据，穆罕默德主动提出为有钱人放羊，以减轻伯父的负担。在放羊的日子里，看着大沙漠如此寂静而又单调的自然之光,回想起自己凄凉的身世,穆罕默德开始对人生和宇宙产生了深沉的思索。他从不羡慕有钱人的荣华富贵,也不追求物质的享受,对外面的花花世界无动于衷。12岁那年,穆罕默德得知伯父要去叙利亚经商,就和伯父形影不离要求同行,万般无奈之下,伯父只得同意他随行。穆罕默德终于走出了自己的一片天地。白天在烈日下行走,夜晚看着天空中群星闪烁。每到一个地方,穆罕默德都用心地记录下自己的所见所闻。当他们到达叙利亚时,穆罕默德看到了美丽的花园非常神奇,这是他在沙漠里不能见到的。在这里他听到了关于罗马人的传说,了解了波斯人与罗马人之间的仇恨,知道了拜火教与基督教的不和。这一切都开阔了他的眼界,丰富了他的学识,激发了他的求知欲望。在欧喀兹市观看了盛大的集会,听到了基督教徒和犹太教徒的演讲……,这对他之后的信仰产生了重大影响。

穆罕默德15岁时,他与伯父一道参加了"伏贾尔"之战。最初,他只负责收集对方射过来的弓箭,后来亲自参加到战争中去。他曾说:"我同伯父们一起参加了战斗,我射了箭,我不愿意一事无成。""伏贾尔"战争起源于阿拉伯半岛各部落纷争,一直持续了四年。在战争中,穆罕默德不仅积累了军事经验,也渐渐在军队中有了名气。战后,他作为"同盟会"成员参加了部落会议,帮助受欺凌的弱者,帮助他们获得应有的权利。穆罕默德说:"我出席了在本珠德安院子里召开的盟会,它比红驼更珍贵,我乐意参加这样的集会。"穆罕默德表达了他愿意为族人献身的精神和崇高的使命。

在25岁时,他替麦加首富寡妇赫蒂彻经商,但不久就与大他15岁的赫蒂彻结婚。赫蒂彻给他生了几个女儿,两个儿子,但两个儿子不幸夭折,此后,穆罕默德便前往希拉山洞内隐修探求。610年,穆罕默德声称他接到了造物主安拉通过天使加百列传达的旨意,令他作为人间的使者去证实安拉的唯一性和超然存在。于是，他开始秘密传教。大约在613年传教由秘密转向公开，号召麦加居民放弃偶像崇拜，归顺并敬畏独一的安拉；宣称自己是安拉派遣的最后一位使者。传教活动遭到了猛烈的反对和迫害。622年，穆罕默德应麦地那人邀请，令信徒分批秘密迁往麦地那。麦地那成为穆罕默德创立伊斯兰教的根据地。他与麦地那人签订了"阿克巴誓约"，麦地那人服从穆罕默德的学说，崇信唯一的安拉，保护他的宣教。接着，穆罕默德又建立了一个以伊斯兰信仰为共同基础的政教合一的穆斯林社群组织（乌玛），并陆续确立了伊斯兰教的各种典章制度。

穆罕默德在迁到麦地那之后，来自麦加的信徒与原部落脱离了一切关系。受麦加古来氏人的迫害与压制，他们变得一无所有，在这种情况下为了增进穆斯林之间的友爱、亲密的感情，穆罕默德号召辅士与迁士在安拉面前结拜为兄弟，从而加强彼此的纽带关系。按照伊斯兰教的观点，不论来自任何家族和部落的信士，彼此都是平等的，大家都是兄弟，任何人并不因为财富的多寡、肤色的不同、种族的差异、门第的高低等而比其他人优越。伊斯兰教认为，除敬畏安拉之外，一切优越的标准都无效。辅士们给迁士们提供各种帮助，他们在财产、家园、务农和经商方面互相帮助。辅士们甚至把自己一半的财产，例如住房、土地、果园等分给外来的迁士，让他们共享财产，甚至有的辅士把自己最好的财产让给了迁士。辅士们带领迁士一起务农，并腾出家园让给迁士兄弟住，迁士很快就发展起来，并且在麦地那成家立业。实在没有出路的迁士，穆罕默德就安排他们住在清真寺的凉棚下，并给以赈济。执行这项决议后，改变了原来部落之间大开杀戒，血仇报复的恶习，阿拉伯部落之间在共同的信仰下建立起仁爱、亲密、友好的兄弟关系。这种关系让阿拉伯人走向统一与复兴，为建立强大的穆斯林社团奠定了基础。

630年，发生了著名的白德尔之战。这是穆罕默德率领信徒迁徙到麦地那后与麦加古来氏贵族的第一次重大战斗。白德尔位于麦地那西南80多英里处，是通向麦加商路的必经之地。624年3月，穆罕默德获悉富商艾卜·苏富扬率领的庞大商队将从麦加经过麦地那区前往叙利亚经商。这支商队带着近千峰骆驼和价值约5万第纳尔的货物。穆罕默德决定截击这支商队。他率领穆斯林迁士士兵150人的武装前往拦截，当队伍走到欧榭拉时，商队已经越境，只有等到回来时再拦截。这时，商队得到穆罕默德欲拦截的信息，于是派人回麦加送信，向麦加求援，要求古来氏人保护他们的财产。而穆罕默德也作好了再次拦截的准备，带领350人出征。但穆罕默德并不知道麦加人已经派兵前来保护，箭在弦上不得不发，于是派人来到白德尔附近侦察。艾卜·苏富扬改变商队行进路线，绕道返回麦加，故未与穆罕默德的穆斯林军队相遇。富商派人告诉古来氏人返回，但是带队的军事长官艾卜·贾海勒认为暂不回麦加，并在白德尔驻扎，宰驼摆宴以示威风，要与穆罕默德的穆斯林一决高下。于是300多人的穆斯林与近千人训练有素的古来氏人的战争就开始了。穆罕默德对其部下说："如果你们中有20个坚忍者，便能战胜200个仇敌，如果你们中有100个人，便能够战胜1000个悖逆之敌。"混战中，多神教徒的人数比穆斯林多几倍，一时间，古来氏士兵冲杀猛烈，大有强占阵地之势。穆罕默德命令穆斯林军在沙丘后面埋伏，当麦加先头部队临近时，穆斯林军出其不意，突然袭击，将沙土撒向敌军眼睛，致使敌军乱作一团，各自逃散。穆斯林军队以一当十，以十当百，全胜而归，创造了战争史上以少胜多的战例。穆罕默德率军追杀，消灭麦加敌军50余人，包括军事长官艾卜·贾海勒。俘获50余人，而穆斯林军只损失了14人，夺得的战利品有战马、骆驼以及其他军事装备和给养。穆罕默德将所有的战利品平分给穆斯林。这次战役鼓舞了穆斯林的士气，提高了穆罕默德在阿拉伯各部落的声望，巩固了伊斯兰教在麦地那的地位，为穆斯林公社的巩固和发展打下了坚实基础，为阿拉伯半岛的统一拉开了序幕。

穆罕默德与麦加贵族达成一致：麦加贵族接受伊斯兰教，承认穆罕默德为政治宗教领袖；穆罕默德承认克尔白神庙的黑色陨石为伊斯兰教圣物，克尔白神庙改为清真寺。

穆罕默德作为穆斯林的宗教和政治领袖，他要打破旧的社会秩序，建立新的社会规范。在婚姻制度方面：过去男子可以随心所欲地娶妻寻情妇，毫无顾忌地让女人们为自己生养后代，从而导致社会关系混乱，纠纷仇杀情况较多，穆罕默德禁止妇女炫耀美色，在信仰和崇拜安拉的基础上相互接近与平等，共同为社会做出贡献。对通奸男女给予严惩。规定男子最多只能够娶 4 个妻子，要求丈夫善待妻子，为家庭负担起全部责任。妻子要服从丈夫，抚育和教导好自己的孩子。在离婚时确立了"待婚期"。即女子须等待 3 个月确定无孕后方能改嫁。在财产方面：改变过去财产所有权与管理权归氏族所有的旧规，肯定和维护财产私有权与支配权，鼓励合法谋生与致富，对遗产分配也做了规定。在社会风俗方面。禁止饮酒，违者按大罪处理，施以鞭刑。不准赌博，不作伪证，不嫖娼，不说谎等。穆罕默德旨在为阿拉伯人树立一种新的规范，从而让阿拉伯文明与世界其他文明并驾齐驱！

穆罕默德辞世之后，他的教诲被记录成书，成为伊斯兰教的经典。他给他的祖国留下了一个宗教和一部天启的经典，留下了一个具有良好组织和武装，统治了整个半岛的社会和国家。一个世纪之内，他的信徒们建立起一个横跨欧亚大陆的强大帝国，并传播了他的教义。

查理大帝

> 神圣罗马帝国的奠基人，近代法兰西、德意志、意大利奠基的先导和共同先驱，被称为"欧洲之父"。

查理大帝（742年—814年），或称为查理曼、查尔斯大帝、卡尔大帝，查理大帝出身于亚琛市一个显赫一时的家庭，是墨洛温王朝宫相（相当于丞相）矮子丕平的儿子。查理大帝病逝于814年，享年72岁。

查理大帝在位46年，一共发动大大小小的战争50多次，亲临指挥的多达30次。其中对萨克森人的战争最为持久和惨烈，攻打伦巴德人最具有戏剧性，对后倭马亚王朝的战争最为惊险。

萨克森位于莱茵河以东到易北河之间，由几十个独立的部落组成，没有国王，只有公爵、侯爵或伯爵。772年，查理大帝第一次对萨克森发兵，最终目的是要把他们全部基督化。那时流传一句话，也可以说是一个口号：一个帝国，一个皇帝，一种信仰。这长达32年的法萨战争异常惨烈，萨克森人时而投降，时而反叛，弄得查理大帝非常狼狈。在最终征服该地区之后，查理大帝对萨克森人进行了残酷的屠杀，一次就砍掉

4500萨克森人的脑袋,强迫他们信仰基督教。

卡洛曼是查理大帝的弟弟,他逝世后,查理成为法兰克王国的唯一国王,被剥夺了继承权的卡洛曼之子逃到伦巴德向国王德西德里乌斯求援。773年,查理进军意大利,攻打伦巴德。查理越过阿尔卑斯山脉,神兵天降般地出现在伦巴德人面前。伦巴德国王德西德里乌斯困守帕维亚城。在这场战争中,法兰克人几乎是兵不血刃就赢得了胜利。征服伦巴德后,查理娶了伦巴德国王德西德里乌斯的女儿,但是不久以后,因为她体弱多病,不大可能为查理生儿育女而被迫接受离婚。她的父亲在暴怒中发誓要把查理的臣民约束在自己的麾下,并亲自驻守在帕维亚城中,紧闭城门,准备对无敌而又无情的查理挑战。查理得到这一叛变的消息后,全速驰往意大利。恰巧有一个叫作奥特克尔的贵族在几年前曾经触怒过查理大帝,于是就投奔德西德里乌斯以求避难。当这位令人畏惧的查理逼近的消息传来后,这两个人登上一座极高的塔,从塔上他们可以看到人在很远的地方的行动。因此,当辎重马车出现的时候(这些马车比大流士或尤利乌斯所使用的马车行动更为疾速),德西德里乌斯问奥特克尔:"查理是在那支大军之中吗?"奥特克尔回答:"还不是。"后来当德西德里乌斯看到从查理帝国各地征集来的各族人的庞大兵力时,他有把握地对奥特克尔道:"查理一定是在这些队伍之中洋洋得意地行进着。"但是奥特克尔回答说:"还不是,还不是。"于是德西德里乌斯惊恐万状,并说:"要是还有更庞大的兵力随他而来的话,我们怎么办呢?"奥特克尔说:"等他来到的时候,你就可以看见他是什么样子,看到什么将会降临我们头上,我可说不出来。"看哪!正当他们这般地交谈的时候,查理的亲随人员进入了视线,德西德里乌斯看到他们,惶恐地喊道:"查理在那里。"奥特克尔回答说:"还不是,还不是。"之后,他们看见了主教、修道院院长、宫廷教士以及他们的随从。当德西德里乌斯看到他们,他哽咽而结巴地说:"让我们藏到地底下去,躲开这样一个可怕的敌人吧!"奥特克尔因为之前对这位不可战胜的查理的政策和部署有过充分的了解,这时颤抖地回答说:"当你看到在田野里密布一片铁的庄稼,波河和提契诺河像海涛般地冲击城墙,水面由于铁的闪光而泛出黑色,那就是查理已经近在咫尺了。"说完便昏了过去。查理再一次不战而胜。意大利北部和中部处于了查理控制之下,国王德西德里乌斯被流放,儿子被逐出意大利,查理亲自兼任国王,781年查理立他的儿子为意大利国王。

查理大帝出兵西班牙,征讨摩尔人即阿拉伯人,历时7年,只剩下萨拉哥撒还没有被征服。萨拉哥撒王马尔西勒遣使求和。查理决定派人前去谈判,但众人知道马尔西勒阴险狡诈,去谈判是冒险之事。查理大帝接受其侄儿罗兰的建议,决定让罗兰的继父、查理的妹夫加奈隆前往。加奈隆由此对罗兰怀恨在心,决意报复。在谈判时他和敌人勾结,定下毒计:在查理归国途中袭击他的后队。加奈隆汇报查理大帝,说萨拉哥撒的臣服是实情,于是查理决定班师回国,并接受加奈隆的建议由罗兰率领后队。当罗兰的军队行至荆棘谷,遭到40万摩尔军队的伏击。罗兰率军英勇迎战,但众寡悬殊,罗兰拼死抵抗,其间罗兰的好友奥里维曾三次劝他吹起号角,呼唤查理回兵来救,都被罗兰拒绝。直到最后才吹起号角,但为时已晚,罗兰英勇战死,全军覆灭。查理大帝赶到,看到的只是遍野横陈的法兰克人的尸体。查理率军追击,大败敌人。回国以后,将卖国贼加奈隆处死。

日耳曼人征服西罗马帝国建立起法兰克王国,查理大帝不仅要做日耳曼人的皇帝,更要做西方世界的主人,这样他必须要得到教会的承认才能够取得统治地位。795年,罗马教皇阿德一世逝世,新任教皇立奥三世与罗马教廷发生冲突。查理支持立奥三世当选为新的教皇,立奥三世为了答谢查理,在罗马为他大唱赞歌,从而引起了罗马贵族的不满。罗马贵族首领以教皇对法兰克人软弱为借口，将立奥三世逮捕入狱，倍加虐待，几乎使立奥三世致盲致哑。立奥逃出监狱后向查理求援，查理于800年12月亲率大兵进攻意大利，护送立奥三世回罗马，用武力平息了这场纷争。他召集所有主教、神职人员和贵族开会，帮助立奥三世复位，并对反对立奥三世的人处以重刑。立奥三世对查理感激涕零，为答谢查理的支持，立奥三世决定以特有的方式报答他。800年12月25日，当查理跪在圣彼得大教堂做弥撒时，立奥三世为查理戴上一顶金皇冠，封他为"罗马人皇帝"，并高声宣布："上帝为查理皇帝加冕，这位伟大的、带来和平的罗马皇帝，万寿无疆，永远胜利！"参加仪式的教徒也齐声高呼："上帝以西罗马皇帝的金冠授予查理，查理就是伟大、和平的罗马皇帝和罗马教皇的保护人。"从此，法兰克王国被称为"查理帝国"，查理国王变成了"查理大帝"，亦称"查理曼"。

5世纪，日耳曼人占领西罗马帝国后，古希腊文明被淹没在日耳曼人的铁蹄之下。在基督教的统治之下，欧洲文明一度衰退。当时，除教士之外，人们几乎目不识丁。查理大帝通过战争扩大统治地位后，为巩固封建制度和推行基督教，他大力提倡文化教育，积极改进教会学校，在他统治时期，文化比过去有所发展和提高。他邀请欧洲各国学者到宫廷讲学，在各地建立学校，聘请有识之士来传授学业，让贵族子弟和平民子弟入校学习。他对学习成绩优秀的平民子弟说："我的孩子们，你们深得我的喜爱，因为你们竭尽全力去执行我的命令，并且自己也得到了好处，因此今后要学下去，以期达到完善，我将赐给你们教管区和华丽的修道院，你们在我的眼睛里永远是光荣的。"而对不学无术的贵族子弟说："你们这些贵族，你们这帮大官们的少爷，你们这群超等的花花公子，你们仗着出身、仗着财产，对我让你们自己谋求上进的命令竟敢置若罔闻，你们忽视探求学问，你们恣纵于奢侈和嬉戏，沉溺于游手好闲和无益的欢乐，上帝在上，我看不上你们高贵的出身和漂亮的仪表，尽管别人或许因此而羡慕你们。千万要明白，除非你们发奋读书，弥补以前的怠惰，否则你们永远不会得到查理的任何恩宠。"他还下令各地基督教堂及修道院开办学校，让神父传播文化。甚至还在乡村建立起免费学校，教人识字。学校培养了一批教师，派他们到各地农村普及知识。在查理大帝的积极努力下，古希腊、罗马文化得到一定的恢复，比此前几个世纪都有较大的发展。

克伦威尔

| 英国著名的资产阶级革命家和政治家,大不列颠王国的缔造者。

奥利弗·克伦威尔(1599年—1658年),17世纪英国著名的资产阶级革命家和政治家。英国资产阶级新贵族的代表,在英国资产阶级革命中组织新模范军打败了王军,于1649年建立起资产阶级共和国。1653年克伦威尔就任护国主,成为英国事实上的国家元首,大不列颠王国的缔造者。

克伦威尔出身于英国汉丁顿城郊的一个乡绅家庭。小时候在汉丁顿圣约翰免费学校学习,17岁时到剑桥大学西德尼·苏塞克斯学院学习。克伦威尔学习成绩平平,但是擅长各类体育运动,特别突出的是击剑、骑马、打猎。一年后,父亲病逝,克伦威尔回到家里处理家务。21岁时,克伦威尔来到伦敦学习法律。1628年,克伦威尔当选为国会议员,但为期不长,因为翌年国王查理一世就决定解散议会,独自一人统治国家。1636年,克伦威尔迁到伊利城继承舅父的家产。参加当地政治运动,成为平民的代言人,获得了良好的声誉。

1637年,苏格兰爆发人民起义,到1639年,苏格兰军队开始对英格兰发动进攻。为了应对危机，筹集军费，查理一世于1640年恢复了关闭已久的国会。克伦威尔第二次当选为国会议员，开始在政治上崭露头角。克伦威尔反对英王查理一世的封建统治，参与起草《大抗议书》。1641年国会通过了《大抗议书》，要求国王把权力交给国会议会。1642年，查理一世带兵来到议会，准备逮捕国会议员，遭到伦敦市民的阻挠，克伦威尔坚定地站在议会一边。8月，国王与议会的战争开始，克伦威尔筹建了一支60人的骑兵队。1644年克伦威尔受命指挥整个东部联盟的骑兵，他从具有虔诚的宗教信仰的普通农民中招募士兵，因此他的军队在作战时既勇敢又有纪律。他指挥的骑兵在马斯顿荒原战役中以先发制人的战术击溃王军取得胜利，后被誉为"铁骑军"。在内战初期，议会军节节失利，克伦威尔提出改组军队的建议。1644年12月，国会通过"自抑法"，即凡是议会的议员要么担任议员的职务，要么担任军队职务。1645年1月，国会又通过了"新模范军"法案，克伦威尔成为军队的实际领导者。同年6月，克伦威尔被任命为中将副司令。1645年6月，他指挥军队在纳斯比战役中击溃王军主力，议会取得对王党的决定性胜利。之后，克伦威尔率军攻占了王党分子控制的要塞和城镇。1646年王党大本营牛津守军向克伦威尔投降，国王逃跑。1647年，查理一世逃跑到怀特岛，与苏格兰人取得联系并缔结条约，国王答应在英国推行苏格兰人信奉的长老派宗教，苏格兰答应出兵帮助查理一世恢复权力。1648年春，第二次内战爆发，重新联合起来的议会军，很快在普林斯顿战役中以少胜多，击败苏格兰军队主力。几天后，克伦威尔远征爱尔兰，苏格兰俯首称臣，接着，克伦威尔挥师南下，打败叛乱者，第二次内战结束。在国内革命热情高涨的气氛中，克伦威尔放弃同国王妥协的主张，转而赞成成立审讯国王的最高法庭，判处国王死刑，然后成立共和国。1653年，克伦威尔驱散议会就任护国主。1658年9月3日，克伦威尔因患疟疾在伦敦去世。

克伦威尔的一生是在征战和与政敌的斗争中进行的。

远征爱尔兰。爱尔兰是英国的一块殖民地,在大不列颠群岛的西部,有自己的国王,信仰天主教,英格兰只控制了其中的一部分。1640年,英国爆发资产阶级革命,爱尔兰也发生了人民起义,此时,英格兰忙于内战,自顾不暇。查理一世被处死后,爱尔兰的绝大部分地方掌握在起义者的手中,逃亡到那里的王党分子和长老派依靠查理一世之子在那里搞复辟活动,爱尔兰成为起义者、王党聚集分子和欧洲敌对分子的跳板,对新兴的统治者来说无疑是一个重大的挑战。1649年3月5日,克伦威尔被任命为远征军总司令和爱尔兰总督,同年8月,他率领大军12000人、炮舰130艘,出征爱尔兰,顺利抵达都柏林,寻找与叛军决战的地方。德罗盖达守军要塞司令认为"谁能够攻下德罗盖达,谁就能攻陷地狱"。克伦威尔却认为攻下该城不费吹灰之力,只需要用大炮轰开城墙一个缺口即可。在一切准备就绪后,克伦威尔决定展开炮击,并向守军进行了最后通牒,要求他们投降,避免不必要的伤亡,但守军拒绝投降。攻城开始,一阵炮击之后,城墙被炸开两个缺口,士兵开始冲锋,不久攻下该城,展开了大屠杀。屠杀进行了两天,杀死3500人。克伦威尔自己说,逃掉的人不超过30人。10月,克伦威尔挥师南下攻克威克斯福德,屠杀2000名俘虏。1650年,克伦威尔发动新的进攻,向爱尔兰腹地挺进,占领克尔克尼和克隆美尔。远征爱尔兰造成爱尔兰1/3的人口被剿灭,2/3的土地被侵占,整个爱尔兰惨遭涂炭。

北征苏格兰,也在克伦威尔光辉的战史上大书了一笔。

在第一次内战中,苏格兰曾经帮助国会打败查理一世,在第二次内战中又帮助过国王,后又拥立查理一世之子查理二世。查理二世准备利用苏格兰重返伦敦。1650年7月,克伦威尔率领大军16000人北征苏格兰。苏格兰的首领是曾经与克伦威尔在马斯顿荒原战役并肩作战的戴维·莱斯利。双方各有所长且对对方了如指掌。开始，双方形成对峙。不久，苏格兰要求莱斯利将军主动出击去消灭克伦威尔，这正中莱斯利下怀。9月，苏格兰军队进攻驻守邓巴尔港口的克伦威尔。克伦威尔在邓巴尔战役中大败苏格兰军，苏格兰人被屠杀了近3000人，10000人被俘。克伦威尔占领苏格兰首都爱丁堡。1651年8月，查理二世率大军进攻英格兰，意图进而夺取英格兰。克伦威尔在伍斯特包围了查理二世的军队，击溃了苏格兰军队，苏格兰人被克伦威尔打得闻风丧胆，一位苏格兰传教士说："克伦威尔简直比魔鬼还要恐怖，《圣经》说人们只要抗拒魔鬼，魔鬼就会离开；而如果抗拒克伦威尔的话，克伦威尔则会更凶猛地向你扑来！"查理二世逃跑，流亡到法国，直到1660年回国。苏格兰战败后被合并到英国，英国的版图进一步扩大。

　　1649年英吉利共和国成立后，主要面临着三种势力的反抗：一是保王党势力随时可能复辟；二是下层人民的反抗，克伦威尔曾派兵镇压了平民士兵的起义；三是爱尔兰人起义，反抗殖民统治。克伦威尔由于在内战和远征爱尔兰和苏格兰的功绩，地位如日中天，此时，掌握英国实权的是"残余国会"，他们不希望大权掌握在克伦威尔一个人手里，然而又希望在对外政策方面有强大有力的军事独裁政权来保护资产阶级的既得利益。克伦威尔希望这个"残余国会"能够自动解散，然而事与愿违，1653年国会通过了一项法案，希望延续它的存在。克伦威尔说："是时候解散国会了。"接着他宣布了对国会的判决："或许你们会认为我不应该对国会做这样的发言，我承认你们讲得对，但你们别指望能从我这儿听到国会听惯了的高雅语言。你们不是国会。我告诉你们，你们不是国会！我们取缔你们的国会。把士兵们叫进来！"克伦威尔为了名正言顺地走向权力的顶峰，炮制了一个新国会，但不久新国会又自行解散。1653年12月，在克伦威尔授意下，一批高级军官、大商人和伦敦市长拥他为护国公。根据拟定的《政府约法》，护国公为终身职务，主管税收，统辖警察和司法，领导外交，兼领英国陆海军总司令，可指定自己的继承人，并与国会等共享立法权。护匡公集立法权、行政权和军事权于一身，实际上是无冕之王。护匡公制度的实质就是军事独裁，克伦威尔的权力达到了顶峰，国务委员会的41名委员全部是他的亲信。为保持稳定，克伦威尔干脆把全国划分为11个军管区，各由一位少将担任行政长官。克伦威尔自称公民，部下称呼他为"殿下"。当上护国公的克伦威尔鼓励重商主义并大刀阔斧地实行改革，把苏格兰和爱尔兰古老的行政制度统统废除，把它们集中到统一的领导之下。英国海军在他手里愈发强大，打败了荷兰和西班牙，尤其在1655年，英国夺取了牙买加，奠定了英国在西印度群岛的殖民基础。护国公统治有效地维护了资产阶级和新贵族的利益，促进了英国资本主义经济的发展。但护国公的统治使人民的民主权利受到了一定的限制，不断地对外扩张给国家财政带来困难。更为重要的是，克伦威尔统治的基础是常年战争而形成的赫赫军功和个人威望，而这些是无法为他的继承人所继承的，这就使得护国公统治具有很大的脆弱性。1658年，克伦威尔病死后，英国政局陷入动荡不安。

彼得一世

> 俄罗斯帝国的奠基人，俄国近代化之父，恩格斯称其为"真正的伟人"。

彼得一世（1672年—1725年），1672年出生在莫斯科，是沙皇阿列克谢·米哈伊洛维奇和他的第二个妻子纳塔利娅·基里洛夫娜·纳雷什金纳的独生子，卒于1725年2月8日，终年53岁。

在彼得4岁时，父亲病逝。10岁时，姐姐索菲亚公主发动政变，政变后，由彼得和伊万（彼得异母兄）两兄弟共同称帝，索菲亚公主摄政。彼得小时候与母亲住在莫斯科郊外沃罗比耶沃村，自幼喜好军事游戏，后来将"游戏兵"建立自己的"少年军"，聘请洋教官进行军事训练和正规的军事演习。彼得对航海业和造船也非常感兴趣，常与附近外国侨民来往，从中学习航海知识和造船技术。他深受西欧文化影响，渐渐地，在彼得周围形成了一个热衷西方文化的小圈子。1689年，彼得率领少年军平息了索菲亚的叛乱，并下令将其姐姐拘禁到新圣母修道院，不让她同外界来往，从此，彼得掌握了俄国实权。

为了向西方学习，1597年3月，彼得一世组织了一个庞大的出使团，开始了周游欧洲列国的旅程。这个出使团成员人数多达250人，使命一是考察学习外国的海军情况，二是游说他国建立反土耳其联盟，三是学习西方先进的科学技术，购买西方先进装备。彼得大帝以一个下士彼得·米哈伊洛夫的身份参与其中，他严禁向外透露他的身份，违者处死。

在彼得出访期间，凡是国内给他的信，一律用他的化名，而且不准使用敬辞。他为通信专门刻制了特殊的印章，图案是一个在海军服役的木匠，上面写着："我的身份是学生，我需要老师的教导。"1697年8月，出使团来到荷兰，很快造船厂里出现了一位俄国留学生——陆军下士彼得勤奋工作的身影。一个月的学徒期满，彼得凭借优异的表现被荷兰师傅和工友们评选为"优秀工匠"。在给彼得的证书上写着："彼得·米哈伊洛夫是个勤奋好学的木工，他已掌握了造船专家的各种业务，也学会了船舶建筑学和绘图技术，已经达到我们师傅所能掌握的程度。"后来当地人才得知，这位优秀工匠竟然是俄国的最高统治者。

在这次考察期间，彼得大帝为东印度公司当了一个时期的船长，还在英国造船厂工作过，在普鲁士学过射击。他在英国走访了工厂、学校、博物馆、军火库，甚至还参加了英国议会举行的一届会议。总之，他尽最大的努力学习西方的文化、科学、工业及行政管理方法。俄国出使团的访欧之旅整整持续了18个月，行程达数千公里，先后到达瑞典、普鲁士、荷兰、英国、神圣罗马帝国、波兰等国，基本完成了事先制定的出使任务。

1698年从维也纳回国后，彼得平息射击军叛乱并将其解散。1700年，为夺取北方波罗的海出海口，同北方强国瑞典作战，纳尔瓦一战，俄军战败。1701年，俄军利用瑞典同波兰作战的空隙，向在涅瓦河的瑞典军队进攻并取得了胜利。经过诺特堡、宁尚茨堡战役（圣彼得堡战役），打败了瑞典。

1706年，瑞典国王查理十二率领军队袭击俄军格罗德诺。格罗德诺驻军是俄军的精华，如果失败，俄军将很难东山再起。彼得认识到必须快速撤退。后来查理十二改变东征俄国计划，彼得才为自己赢得了时间。1708年，查理十二率兵东进，占领了格罗德诺并向莫斯科挺进，俄军实行坚壁清野和焦土抗战，查理十二东进无望。彼得决定兵分两路围击查理十二，双方在波尔塔瓦展开决战。战役于6月28日黎明之前在波尔塔瓦的沃尔斯克拉河展开，瑞典军队开始向俄军防线攻击。起初，战役是以传统的战争风格进行，受训较佳的瑞典军向俄军的左翼与中心挤压，突破了一些俄军的据点。瑞典军看似有优势，但很快就失去了优势，彼得大帝拥有相当多数量的步兵，拖住了拥有火炮的瑞典军，早上9时，他组织一支25000名的援军于防线的中央——俄军营垒展开，由73门重炮支持。瑞典军步兵尝试攻击营垒前的俄军步兵，进攻很不顺利，被迫退下。在俄军炮兵的猛烈攻击下，查理十二全线溃退。两个半小时的战斗，瑞典军队惨败，死伤8000多人，被俘16000多人，俄军大获全胜。查理十二世逃往摩尔达维亚的蒂吉纳，然后由奥斯曼帝国保护控制，并在重返瑞典前经历了5年的流浪生活。

1713年，彼得把首都迁到圣彼得堡。1718年处死了阴谋谋反的太子。1721年俄国与瑞典签订《尼斯塔特和约》，从而结束了长达21年的北方战争。俄国夺取了大片土地，并取得波罗的海出海口，打通了"通向欧洲的窗户"。10月彼得被封为"大帝""祖国之父"的尊号；俄国改国号为俄罗斯帝国。1725年2月8日，彼得大帝病逝于圣彼得堡。彼得大帝为俄罗斯帝国建立了不朽功勋，而这主要源于他的改革。

彼得一世掌握政权后看到俄国非常落后，这种落后是全方位的，无论是在政治上、经济上、军事上抑或是文化上，在西方国家眼里均是一个"半野蛮国家"。因此,要改变俄国的落后面貌,就必须进行全面的改革。

第一,改革军事,加强国防,夺取出海口。1700年,彼得一世下令废除射击军,实行义务兵役制,规定各阶层不分贵贱,服兵役一律平等,1716年他颁布了著名的《军事法规》。1720—1722年,彼得一世又陆续颁布了《海军章程》,对海上舰队的编制、战船的等级、海军官员相互之间的关系及他们的权利和义务都做了明确规定。彼得在对海军建设的同时,很注意对陆军的集中统一领导。他根据北方战争的形势发展,几次调整统帅机构。

第二,改革和健全国家行政机构。对于国家中央行政机构的改革,彼得一世予以特别的重视。1711年2月22日,彼得下令建立参政院,取代原来的贵族杜马。新建立的参政院由9名参政员组成。参政院拥有很大权力,从国家中央机构到地方行政系统,从财政预算、贡赋征收到陆海军的编制,都属于参政院管辖范围。为了巩固地方政权机构,1708年12月8日,彼得下令,把全国分成8个省,1714年又增设3个省。各省设总督1人,拥有行政和军事大权。同时,各省还成立了参议会,其成员从地方贵族中选任。1719年,在保留省的建制的同时,将全国划分为50个州,每个州都有一套完整的行政机构。1720年在新首都圣彼得堡建立了市政总局,在其他城市成立了市政局。根据市政总局的规程,城市居民分为"正规"公民和"非正规"公民两大类。

第三,实行宗教改革,加强皇权。1701年,彼得一世政府下令将部分教会财产收归国有,主张由世俗官员来管理修道院的领地。彼得一世不仅限制教会经济实力的膨胀,而且还限制教会的权力;把教会完全置于国家的管辖之下,使教会成为国家机器的一部分。1721年,俄国颁布了关于宗教事务管理条例,废除了总主教的职衔。政府根据管理世俗事务的委员会的形式,建立了管理教会的宗教委员会,以此取代总主教的权力。于是,沙皇被称为东正教的"最高牧首"。

第四,改革和发展文化教育事业。彼得一世指定各级政府直接管理教育,建立各种类型的学校,全俄各县普遍建立小学,对贵族子弟实行强化教育,派遣留学生到西欧各国学习。同时,彼得政府还通过各种途径,把西欧近代科学著作翻译介绍到俄国。

第五,兴办近代工业,改变俄国经济落后面貌。彼得一世非常注意扶持工场手工业的发展,"在国内发展矿业和创办外国通常开设的那些工厂企业"。为此,彼得一世以引进西欧先进技术力量为指导,对全国地下资源、铁矿、铜矿、银矿和煤炭等进行勘察和开采。在巩固和扩大原有的场矿企业,把国家创办的一些手工工场转让给私人经营的同时,政府又以提供劳力和贷款等优惠办法,奖励本国商人和外国企业主投资,建立起一批炼铁、炼钢、造船、兵工、采煤、制鞋、纺织、锯木等近代场矿企业,为发展资本主义生产关系奠定了基础。

第六,扶持商业,发展贸易,提高商人地位。彼得一世颁布了一系列敕令,并将"城镇居民分为3个行会:第一类是钱庄老板、豪商大贾、医生和大工场主;第二类是小手工业主和商贩;第三类是普通工人、粗活工和自由小市民"。指令各城市建立起有利于商人和工场主的市政制度,规定从第一行会中选出市政长官,由商人管理工商业、税收和民事纠纷,借以提高商人和工场主的政治地位。在经济上又授予商人贸易特权。

乔治·华盛顿

> 美国历史上杰出的资产阶级政治家、军事家、革命家，美国国父、美利坚合众国首任总统。

乔治·华盛顿（1732年—1799年），出生在北美洲弗吉尼亚的布里奇斯溪庄园，11岁时，父亲去世。他从小就养成了严格自律的良好习惯，行事稳重果断。华盛顿16岁就到西部地区当土地测量员测量土地，深得费尔法克斯勋爵的赏识，在他的大力推荐下，华盛顿成为县政府的测量员，开启了通向权力的大道。

华盛顿的权力征途，最初是为英国效力，代表英国去警告法国，帮助英国取得首战胜利。后来参加了英法之间长达7年的战争，华盛顿被任命为上校副官。他向远征的布拉多克将军建议，在北美的丛林作战，必须摒弃英军在欧洲的传统作战方法，而墨守成规的英军遭到法军和印第安人的突然袭击损失惨重。在战斗中，华盛顿表现出镇静与勇敢。在枪林弹雨中跑遍了战场的每一个角落。

所骑的两匹战马都被打死，四颗子弹穿透他的外衣，而身体却未受到枪击，这不得不说是一个奇迹！1758年11月，英军最终取得迪凯纳堡战役的胜利，结束了法国人的统治，法国被迫放弃了在北美的一切权利。

英国人夺取了法国人在美利坚殖民地的利益，但同时又升级了与殖民地的矛盾。随着第二届大陆会议的召开，一场战争的风云开始密布：美利坚军队的招募大行动。1775年，华盛顿临危受命当选为大陆军总司令，开启了长达6年之久的军旅生涯。华盛顿当上大陆军总司令时可谓形势堪忧，北美大陆军建立时，没有接受过正规军的训练，军纪涣散；士兵衣衫褴褛，装备很差，武器杂乱；各部分军队各自为战，指挥难以统一。华盛顿从五个方面进行了整顿。一是统一全军建制。把全军变成若干个团队，每个团队由同一个殖民地的官兵组成。二是严肃军纪。要求军容整洁，恪守纪律，能够做到令行禁止，并熟悉自己的岗位职责。三是加强后勤保障。四是加强内部团结。从建制到思想上凝结成为一个整体。用人做到唯才是举，不搞狭隘地方主义。五是调整军事部署，把大陆军分为三个部分且互为犄角，做到进退自如。

奇袭特伦顿是华盛顿指挥的一次著名战役。当时，英军的一个旅驻扎在名叫特伦顿的地方，华盛顿决定对那里的英军发动一次奇袭。他决定兵分三路进行。12月25日傍晚，华盛顿率一支约2400人的部队，带着一些小炮，共20门，准备天一黑就渡河，希望在深夜12点以前全部到达彼岸。船只早准备好了，但天气寒冷，风大流急，河里尽是浮冰。由于渡河困难而危险，到凌晨3点，小炮还没有运上河岸。此地距特伦顿还有9英里，天明之前是赶不到了。若撤退回去，在撤退过程中可能会被敌军发现并遭到袭击。面对困境，华盛顿果断地下令继续前进，背水一战。当华盛顿率领队伍接近敌人前哨阵地时，天又下起了冰雹和大雪。暴风雪固然使得美军的行军异常艰苦，但也使得英军人人都躲在屋里。地上的积雪也使得军队行进的喳喳声和小炮滚动的辘辘声都减弱了。当他们逼近一个村庄时,走在前头的华盛顿来到一个正在路旁砍柴的人跟前,问他英军的哨兵小队在哪里,砍柴人回答说不知道。炮兵部队的一位上尉对砍柴人说:"你讲吧,这位就是华盛顿将军。"那人的表情立刻变了,热情地说:"愿上帝保佑你成功!哨兵小队在那所房子里,站岗的就在那棵树旁边。"10分钟后,战斗打响,大陆军很快占领前哨阵地,华盛顿身先士卒,与士兵一起冲进国王街。此时,英军上校拉尔还在睡大觉,他见大势已去,便骑马逃跑,后来被子弹击中要害。在法国军队的帮助下,美利坚人终于赢得了对英的胜利。

美利坚合众国的建立,创造了一个新型的国家。

《独立宣言》概括了它的全部精神:人人生而平等。

而这一切,都与华盛顿分不开。

在华盛顿的政治生涯中,对民主与自由的崇尚,是他一贯的主张和行为。1782年5月的一天,刘易斯·尼古拉上校寄给华盛顿一封言辞恳切的信,痛陈目前美国社会的种种弊端,把一切问题都归咎于共和制度,要求华盛顿像英国那样建立君主立宪政体。他希望华盛顿担负起合众国国王的责任。华盛顿看过信后,十分震惊,义正词严回信写道:"使我困惑不解的是,究竟我有哪些举措足以鼓励你向我提出这种请求。我认为这个请求,孕育着可能使我国蒙受最大的灾难。如果我不是缺乏自知之明的话,你不可能找到一个比我更不同意你的计划的人了。如果你重视你的国家,关心你自己或者子孙后代,或者尊重我,那么,我恳求你,从你的头脑里清除这些思想,而且绝不要让你自己或者任何别人传播类似性质的看法。"华盛顿不赞成实行君主制,坚决维护共和制,维护得来不易的民主与自由。

美国独立战争后,建立了资产阶级与种植园奴隶主联合专政的国家政权。1777年11月大陆会议制定的《邦联条例》规定了美国是一个邦联政治格局，是一个由 13 个州代表组成的松散联盟。每个州有自己的政府、军队、法律、货币，实际上是 13 个独立王国。美国内部一片混乱，欧洲各国都瞧不起美国。华盛顿认为：这是"一个半死不活、一瘸一拐的政府，拄着拐杖蹒跚前行"。这种松散的州际联盟导致各个州各自为政，只关心自己的利益，而不关心国家利益。华盛顿忧心忡忡指出："在我看来，邦联差不多已经名存实亡了，国会已经成了一钱不值的机构，因为已经没有多少人执行它所发布的法令了。""13 个主权国家，你斗我，我斗你，必然会很快同归于尽。"这时，迫切要求加强中央权力。有鉴于此，华盛顿感受到必须制定一部宪法来代替《邦联条例》，用法律的形式把资产阶级民主制度固定下来，实现从邦联到联邦的转变，建立一个强有力的中央政府。华盛顿被推选为制宪会议主席，按照三权分立的原则制定了美国 1787 年宪法。其基本内容为：联邦政府由国会、总统、最高法院组成，实行三权分立。其中国会为最高立法机关；总统集行政权于一身，他既是国家元首，又是政府首脑，也是武装部队的总司令，任期为 4 年；最高法院为最高司法机关。国会分为上、下两院，上院也称参议院，由各州两名代表组成；下院也称众议院，根据各州人口比例确定代表人数。三者之间的关系是总统只对宪法负责，不对国会负责。总统有权提名最高法院法官、各部部长、驻外使节等官员，但需提交参议院同意后方可任命；对于缔结条约，需要递交参议院议员 2/3 的表决同意。总统有权否决国会提交的法案，但是经国会 2/3 成员通过的法案可以不受总统否决的影响。最高法院法官由总统提交参议院通过，为终身制。1787 美国宪法否定了封建君主制和世袭制，确立美国为联邦制国家，为美国历史发展奠定了基础。

1789 年 3 月 4 日，华盛顿出任美国第一任总统。上任后遇到的问题是全新的，只有一位总统、一个国会和十几个办事人员以及一大堆"债务"。国内债务 4200 万元，国外债务 1200 万元。华盛顿首先建立了第一届联邦政府机构。1789 年 7 月 27 日，建立处理外交事务部门，即国务卿办公室。8 月 7 日建立陆军部，9 月 2 日建立财政部。然后确定各部门的负责人。华盛顿将美国的天才们都网罗进自己的政府。亚历山大·汉密尔顿被任命为财政部部长，亨利·诺克斯被任命为陆军部长，托马斯·杰斐逊被任命为国务卿。同时保持各派力量的平衡。在用人方面广泛征询意见，主张任用贤人。一次，他的侄儿希望他能够给自己安排一个检察官的职位。华盛顿予以坚决回绝。并告诫他说："千百万只眼睛注视着我，为朋友或亲戚提供被人视为特殊化的过失将无一能够遮掩过去。"在外交方面，华盛顿面对西方英法两个大国必须慎重处理，避免介入大国争端中去，一方面，巩固与法国的关系；另一方面，又调整同英国的关系，为美国的发展争取了一个良好的外部环境。

华盛顿于 1799 年 12 月 14 日逝世。

拿破仑·波拿巴

| 法兰西第一帝国缔造者。

拿破仑（1769年—1821年）出身于法国东南地中海科西嘉岛阿雅克修城一个没落的贵族家庭。

拿破仑小时候个头小，但长得很结实，拥有一身的蛮力，经常把大他一岁多的哥哥约瑟夫打得哭，为此常受到母亲的训斥，有时犯了错还要挨打。拿破仑生性好斗，很小的时候就显露出军事组织才能。在阿雅克修城里，他常常组织一群孩子玩耍，将他们分成敌我双方玩打仗游戏，每次，他都亲自担任较弱一方的元帅指挥进攻。玩打仗游戏时，他总是冲锋在前，冲向敌方阵营，把敌人打败。这时的拿破仑迷恋于贪玩好斗，学习成绩并不好。一天，他的哥哥约瑟夫突然给他出了一道简单的数学题考他，拿破仑由于贪玩好耍，回答不出来。这时，他的哥哥说："拿破仑，这么简单的题都做不出来，我看，你就是一个莽夫罢了！"这句话深深地刺激了拿破仑，从这以后，他就不再贪玩好耍，而是用功地学习，此后，他的学业大有长进。

拿破仑 10 岁时考入法国东部布里埃纳军校接受教育。拿破仑事事喜欢争强好胜。在军校生活中，拿破仑表现出良好的军事组织才能，一个冬天，下了一场大雪，拿破仑提议玩一场雪仗。他指挥双方修筑碉堡，然后站在碉堡上，犹如一位将军指挥千军万马一样指挥对仗的双方，旁边的老师看后说："拿破仑具有非凡的军人素质，这孩子将来一定前途无量！"15 岁时拿破仑以优异的成绩毕业于布里埃纳军校，随后转入巴黎军校。16 岁从巴黎军校毕业，学校给出了这样的鉴定："拿破仑，为人勤奋、谨慎、兴趣广泛、博览群书，酷爱抽象科学，擅长数学和地理；沉默寡言，喜欢独处；任性、高傲、自私、善变、自尊心强；雄心勃勃，求知欲强，有培养前途。"在校期间，学习炮兵学不到一年，拿破仑就被破格允许提前参加毕业考试，顺利通过考试后，他在法国南部一个炮兵团获得上尉军衔。

1785 年，他的父亲病逝，拿破仑不得不挑起全家的生活重担，凭着强烈的责任感和上进精神，体验着苦涩的生活，他要把绝大部分薪水都寄回家，以自己微薄的薪水保证母亲和家中另外 5 个弟妹的生活。1789 年，法国大革命爆发，席卷全国。拿破仑在土伦战役中初露锋芒，后被提升为少将旅长。

1793 年 7 月，土伦当地的官员发动了针对共和国的叛乱。8 月，自认无法抵挡共和国军队的土伦叛军，把舰队、港口、军械库、城市及炮台一概放弃，从而使英国和西班牙军队不费一枪一弹就轻而易举地占领了土伦，在土伦反法联军驻防了大量的军队。法方指挥官是卡尔托，是个画家，对军事指挥一窍不通。而他的炮兵指挥官也受伤了，于是就调任拿破仑代替受伤的炮兵指挥官。拿破仑上任后，就如何收服土伦提出了自己的意见。他认为应该首先集中主要兵力，攻占土伦港湾西岸的马尔格雷夫垒（英国人称为小直布罗陀），夺取克尔海角高地。然后集中大量火炮，猛烈轰击停泊在大小停泊场内的英西舰队，切断舰队与土伦守敌之间的联系，迫使敌舰撤出港口，甚至将其消灭。如能这样，则土伦守敌在一无退路、二无援兵、三无火力支援的情况下，必然不攻自破。这时，法军即使只有不多的兵力，也可以迅速攻占土伦。拿破仑的作战计划上报得到批准，法军发起进攻，联军战败。

1794年7月，法国发生了"热月政变"，拿破仑受到牵连，锒铛入狱。不久，受巴黎督政官巴拉斯之托，成功镇压保王党势力的武装叛乱，拿破仑声名鹊起，被任命为巴黎卫戍部队总司令，从此，他崭露头角。1796年拿破仑被任命为法兰西共和国意大利方面军总司令远征意大利，取得六战六捷，迫使撒丁王国签订城下之盟，于1797年12月凯旋巴黎。1798年3月，拿破仑就任埃及远征军总司令，轻而易举拿下亚历山大港，直逼开罗，后被困埃及。1799年，法国国内形势危急，拿破仑偷偷回到法国，不费一枪一弹，取得政权，这就是历史上著名的"雾月政变"。30岁的拿破仑登上了权力的顶峰，为强化自己的权力，拿破仑于1804年加冕称帝，开创了法国乃至欧洲的一个新时代。拿破仑从一介平民上升为法兰西帝国最高统治者。之后，五次打败欧洲反法同盟，传播了资产阶级民族革命思想，成为欧洲霸主，与恺撒大帝、亚历山大大帝齐名。1812年远征俄国成为拿破仑军事生涯的转折点。1812年5月，拿破仑集结51万兵力。其中法军20万，德意志军队14.7万，意大利军队8万，波兰军队6万，号称欧洲历史上最强大兵力向俄国进发。一路上，法军未遇任何抵抗就渡过涅曼河，拿破仑非常高兴地说道："1812年的战争结束了！"这跟预料夏季结束战争差不多。然而，拿破仑高估了自己，俄军在统帅库图佐夫的率领下实行坚壁清野的战术，让拿破仑占领了莫斯科这一空城。几十万大军困守空城，缺薪断粮，忍饥挨饿，拿破仑被迫撤退。库图佐夫乘胜追击，在寒冷和不断袭击下的法军损伤惨重，最后回到法国的只有不到3万人。拿破仑军事生涯受到重创。

1813年,拿破仑在与第六次反法同盟作战的莱比锡战役中战败,被流放厄尔巴岛,波旁王朝复辟。1815年3月拿破仑重建法兰西帝国,欧洲各国组成第七次反法同盟,拿破仑兵败滑铁卢,再次退位,被流放于大西洋圣赫勒拿岛,直到1821年逝世。

拿破仑是通过"雾月政变"获得政治上的统治权,30岁的他掌握着国家大权。面对严峻的内外交困的混乱局面,他走到了政治前台,在政治、经济、法律、科教和外交方面做出了重大贡献。

政治方面。建立了中央集权体制,颁布了新宪法,新宪法规定:共和国的领导是三执政,第一执政拥有全权,有权任免政府的各个官员,其余两位只有发言权。随后,建立了以他为主席的国务会议,设立12个中央部来领导管理全国工作。建立禁卫军,强化侦查机关;取消地方自治制度,将全国划分为88个省。他还改革行政机构,提高办事效率,严惩贪污腐败。改革财政,厉行节约。

经济方面。采用经济自由主义与国家干预相结合的政策。成立了一系列经济协会,指导监督经济活动。第一,1801年成立"全国经济促进会",1803年成立制造业公会,1810年成立"工厂作坊管理委员会",1811年设立工商部。恢复工业展览会,鼓励畜牧业发展,养殖马、牛等牲畜,鼓励种植土豆、甜菜、棉花。第二,建立银行,整顿财政制度。1800年拿破仑进行了财政改革,提高土地税、不动产税等税收。1800年拿破仑创办了法兰西银行,统一货币,鼓励资本主义工商业的发展。第三,实施关税保护与"大陆经济封锁"政策。通过大陆经济封锁保护了法国资本主义的早期发展。第四,进行了工业革命与奖励扶持政策。使法国紧跟英国之后成为第二个完成工业革命的国家。

法律方面。1804年拿破仑颁布了《拿破仑法典》(即《民法典》）。法典分 3 篇 35 章 2281 条，内容不仅包括刑法、刑事诉讼法、民法、民事诉讼法、宪法、商法等。还包括物权、债权、婚姻、继承，以及许许多多沿用至今的民法概念，是第一部把当时的基本原则、精髓完整传承到近现代社会的民法。

科教方面。拿破仑十分重视教育，尊重知识和人才。制定了保留至今的国民教育制度，成立公立中学和法兰西大学来培养国家需要的人才，鼓励科学研究与技术教育事业的兴起。1808 年，拿破仑敕令恢复高等师范学校，使之成为专门培养国立中学教师的模范学校，职业和专门学校的教育则为军队和政府培养了训练有素的职员。在他的直接关怀下，法国建立小学 4000 多所、中学 700 多所、大学 45 所。

外交方面。拿破仑采取分化瓦解的策略打击反法同盟。他先利用英俄矛盾与俄国交好释放俄国战俘，然后在 1802 年与英国谈判签订了亚眠和约，为法国赢得了短暂的喘息时间。

梳理一代伟人拿破仑 15 年的法国统治历程，有两个鲜明特征：一是国内改革，二是军事战役。国内改革，拿破仑可比得上开明的专制君主；而对外的军事战役则最终导致了他的失败。

西蒙·玻利瓦尔

> 19世纪拉丁美洲著名革命家、政治家、军事家,领导拉丁美洲从西班牙的殖民统治中获得解放与独立,是南美共和制度的奠基者,人们称其为"伟大的解放者"。

西蒙·玻利瓦尔(1783年—1830年),出生在南美洲北部委内瑞拉的加拉加斯,病逝于1830年12月17日,终年47岁。

玻利瓦尔祖上是当地的一个土生白人名门,是一个种植园主家庭。玻利瓦尔不到3岁,父亲云世,9岁时成为孤儿,由外祖父收养,10岁时外祖父云世,由其舅父卡洛斯收养,但遭受虐待。不到14岁的他作为士官生进入阿拉瓜谷地的白人民卫营,15岁晋升为少尉。16岁时离开南美洲去西班牙,其间舅父埃斯特万被捕入狱,他住在一个贵族乌斯塔里斯家里,深受其政治影响。20岁时与妻子特蕾莎回到南美洲加拉加斯,不幸的是妻子染上黄热病去世,玻利瓦尔于1803年再次来到西班牙,随后又去了法国,两次见到拿破仑,从拿破仑身上得到勇气和力量。1807年,玻利瓦尔经过美国回到加拉加斯,其间在美国短暂停留半年,深受美国政治制度的影响。也就是从这个时候起,一个"伟大的解放者"的形象在历史的框架中越来越鲜明。1830年12月17日，玻利瓦尔病逝于哥伦比亚的卡塔赫纳。

委内瑞拉共和国建立者。1807年，玻利瓦尔回到祖国，立刻投身于反抗殖民统治、争取民族独立的斗争中。玻利瓦尔参与并策划了1810年4月19日事件，这一事件揭开了委内瑞拉革命的序幕，事变后新成立的政府由玻利瓦尔组成了外交使团去英国寻求帮助，希望得到英国支持，但目的没有达到。在这里他遇到委内瑞拉的老革命家米兰达，一起回到加拉加斯，并在1811年7月成立了委内瑞拉第一共和国。在第一共和国时期，玻利瓦尔担任军职，为巩固新生政权进行了不懈的斗争。第一共和国失败后，他逃到新格拉纳达重新组织力量，继续斗争，解放了委内瑞拉边境两个省——梅里达和特鲁希略。1813年10月，他率领革命军解放了加拉加斯等地区，打败了殖民军，建立了委内瑞拉第二共和国并任军队总司令，被授予"解放者"的称号。一年后，第二共和国再次失败，玻利瓦尔不得不流亡牙买加、海地等国家。当玻利瓦尔来到海地的时候，他请求海地总统佩蒂翁支持他的革命斗争。玻利瓦尔在佩蒂翁的帮助下组织流亡在海地的委内瑞拉人，重新制定解放委内瑞拉的计划。经过两个月的准备，1816年3月，玻利瓦尔率领一支200多人的爱国部队，乘风破浪，在委内瑞拉北海岸的奥里诺科省登陆。这次登陆，玻利瓦尔吸取了前两次共和国失败的教训，他要率领战友们彻底赶走殖民者，他对战友说："我们不仅要解放委内瑞拉，还要解放新格兰纳达（现在的哥伦比亚）、厄瓜多尔、秘鲁等被西班牙人奴役几百年的地区。我相信，只要南美大陆上的人民团结起来，就一定能够取得最后的胜利。"经过准备，他们决定先袭击加拉加斯，然后占领它，再进军内地。但是，加拉加斯是军事要地，有西班牙军队重兵把守，经过激战，玻利瓦尔的部队伤亡惨重，不得不立即撤退，这次袭击又失败了。玻利瓦尔之后与游击队会合，把农村作为革命根据地。他改变斗争策略，宣布了废除奴隶制的法令，号召全体黑人起来为争取自由而斗争，这样就赢得了大量黑人的支持。同时，他还决定，没收西班牙王宫和反动派的财产，许诺分给革命军战士土地，取消印第安人的人头税并保证分土地给他们。这些措施获得了社会各阶层的拥护，大大加强了革命斗争的实力。军事上，玻利瓦尔也采取了更为有效的战略战术，他们不再去攻击大城市、与敌人硬拼，而是把部队引入奥里诺科河流域的东部地区，这对战斗非常有利。1818年10月，玻利瓦尔在安戈斯图拉召开国民代表会议，宣布成立委内瑞拉第三共和国，玻利瓦尔成为共和国总统。

南美洲的解放者。玻利瓦尔目标是要解放整个南美洲，然后建立一个包括整个南美的大国家。1819年6月，玻利瓦尔率领2000名革命军经过长途跋涉，克服重重困难翻越安第斯山脉到达新格拉纳达。战士们欢呼雀跃，精神抖擞，准备以更加强劲的力量去打击殖民军。在新格拉纳达的一片高原谷地上，他们突然发现了敌人，玻利瓦尔立刻组织战士们向敌人发动突袭。随着"冲啊"的呼喊声，革命军战士如猛虎下山般冲向敌人。面对从天而降的革命军，西班牙军队惊慌失措，匆忙拿起武器应战。但还未等他们转过身，就被革命军乱枪打死了，不少还未明白发生了什么事的西班牙人转眼之间成了革命军的俘虏，其中有不少军事指挥官。这次袭击大获全胜，玻利瓦尔乘胜追击，立刻向波哥大进军。波哥大的西班牙守军顽强抵抗，双方展开了艰苦的鏖战。最后，玻利瓦尔终于取得胜利，占领了波哥大，解放了哥伦比亚地区。接着，玻利瓦尔率军回师委内瑞拉，以强大的攻势横扫委内瑞拉全境，西班牙军望风而溃，不堪一击。玻利瓦尔把军队开进首都加拉加斯，随即解放了全国。委内瑞拉解放后，革命军南下厄瓜多尔，与西班牙军队进行了英勇奋战，又大败殖民军，革命军占领了首府基多城，厄瓜多尔宣布解放。至此，南美洲西北部地区全部获得了解放。玻利瓦尔认识到，应该建立更为牢固的革命阵地，组成坚强的抗敌部队，在1819年12月成立了由委内瑞拉、新格拉纳达和厄瓜多尔联合组成"大哥伦比亚共和国"，玻利瓦尔被选为总统和最高统帅。不久，革命军又多次出兵，扫清了委内瑞拉和厄瓜多尔境内的殖民军残余势力，南美洲北部地区彻底解放。大哥伦比亚共和国成立以后，玻利瓦尔仍然致力于抗击殖民军的革命事业。在1823年到1824年间，玻利瓦尔继续率领军队转战秘鲁，1825年5月，上秘鲁宣布独立，取名玻利维亚，玻利瓦尔当选为秘鲁终身总统。

玻利瓦尔主义。玻利瓦尔主义首先继承了拉丁美洲人民追求一体化的传统。最早由拉美独立运动的"先驱者"弗朗西斯克·德·米兰达在1781年参加北美独立战争期间就初步形成"西班牙美洲"的理想，并于1797年制定了一个范围很广的大美洲联盟计划，且为此进行了长期的奋斗。独立运动的杰出领袖圣马丁也提出过整个南美国家形成紧密联盟的设想来实现独立自由的理想。真正系统地提出美洲一体化理论，并有计划有步骤地采取行动的当首推西蒙·玻利瓦尔。玻利瓦尔主义就是鼓舞各国人民团结反殖反霸反帝的那种不断斗争的精神。玻利瓦尔主义认为，赢得主权的新生国家进行合作，结成紧密的友谊，实行一体化；玻利瓦尔主义是一种经常发挥作用的工具。它维护和平，也推动人类进行那种必不可少的相互声援。在政治方面玻利瓦尔接受了法国卢梭人民的主权思想，认为主权就是要使"公民普遍有权"，民主制度就是要听从多数人的意愿，建立起人民满意、人民拥护的制度。在国家政治体制问题上，他主张建立中央集权。认为："具有强有力的中央政府的国家才是值得尊敬的强盛国家……从未有过用分散权力的办法建立政府，并使之长期维持的事情，但却有集中权力使国家受人尊重的例子。我解放了委内瑞拉，恰恰就是为了实现这一制度。"

在经济方面,玻利瓦尔主张"公正的土地制度"。要把国家土地优先分给"土著居民和最坚定地为独立事业出过力或受过损失的人","任何人,不分性别和年龄,在有灌溉的肥沃地区可得一法内格土地,在没有灌溉的贫瘠地区,则可得两法内格土地"。

在对外方面,玻利瓦尔主张建立美洲联盟。追求的是美洲的联合与统一,美洲应联合起来反对欧洲的殖民统治和殖民体系,争取美洲的独立和自由,在自愿和平等的基础上建立一个美洲联邦。新独立的国家在自愿的原则上结成平等和永久性的美洲联盟。美洲国家只有联合行动才能够对抗外来的强敌,实现真正的独立与自由,在内外交困下,以共同的力量获得新生。

亚伯拉罕·林肯

| 美国历史上著名的政治家、革命家,美国第 16 任总统。

亚伯拉罕·林肯(1809 年—1865 年)出身于美国肯塔基州哈丁县的一个贫苦农民家庭。9 岁时,林肯母亲去世,小时候上学时间很少,加起来还不到一年。但他勤奋好学,养成了读书的好习惯,几乎是见书就读,常常向别人借书来读。

长大成人后,为了谋生,林肯先在一家村庄的商店做店员。他诚实守信,童叟无欺。一次,他多收了一个妇女六又四分之一美分,发现后心里惴惴不安,为了还钱,他在晚上赶了 6 英里(约 10 公里)路把钱还给了那位妇女,这为他赢得了良好的声誉。在以后的日子里,林肯做过邮递员、县测量员。工作之余热爱读书,他对政治颇感兴趣。

1831 年 2 月,林肯来到新奥尔良这座国际大都市,看到大街上到处都是关于奴隶的广告。有的出高价购买奴隶,有的出售奴隶。特别是一排排黑人奴隶戴着脚镣手铐站在那里,他们都被一根根粗大的绳子串在一起。奴隶主们一个跟着一个走了过来。

像买骡子买马一样仔细打量他们，有时还走上前摸摸他们的胳膊，拍拍他们的大腿，看他们是不是长得结实，肌肉发不发达，将来干活有没有力气。奴隶主们用皮鞭毒打黑奴，还用烧红的铁条烙他们。这一切都给林肯留下了难以磨灭的印象。他悄悄地对同伴说："太可耻了，我们走吧，等到那么一天，我一定把它彻底打倒。"林肯当了律师后，曾为黑奴辩护。他写道："不管甲怎样论证他有权奴役乙，难道乙就不能抓住同一论据来论证他可以奴役甲吗？你说甲是白人而乙是黑人，那么就是以肤色为依据喽。难道肤色浅的人就有权去奴役肤色深的人吗？那你可要当心点，你就要成为你所碰到的第一个肤色比你白的人的奴隶。你说你的意思不完全是指肤色吗？那你指的是白人在智力上比黑人优异，所以有权力去奴役他们喽？这你又可得当心了。因为按照这个逻辑，你就要成为你所碰到的第一个智力比你更优异的人的奴隶。你说这是个利益问题，只要你能够谋求你的利益，你就有权去奴役他们。那好吧，如果别人也能谋取他的利益，他也就有权奴役你了。"

1832年初，林肯在治安法官鲍林·格林的帮助下，开始学习法律，学会了起草简单文件。1832年3月，林肯撰写了第一篇竞选伊利诺伊州议员的公告，发表了人生第一次演讲："先生们，同胞们！我想你们大家都知道我是谁，我是亚伯拉罕·林肯。朋友们推我当议会议员的候选人。我的主张就像一支古老歌曲一样简短。我拥护国家银行，赞同改良内政制度和关税。这就是我的信念和政治原则。"

1834年，林肯参加了辉格党，后当选为伊利诺伊州议员，在1836年再次当选。他在1838年发表了《永葆美国政治制度之青春》的演说，阐述自己对美国未来的看法。他说："不管什么时候，听任一小撮歹徒滋事生非，……听任他们逍遥法外，那我就可以断言，这个政府必定寿命不长。"林肯赢得了声望，在1846

年被提名为国会众议员的候选人。他的对手散布流言蜚语中伤林肯，林肯给予了有力的还击。他成功当选为国会议员，实现了"我要到国会去"的愿望。两年的任期，林肯耳闻目睹了各种各样的社会现实，越来越痛恨黑奴制度，他决心要成为这一制度的掘墓人。

1856年，林肯加入共和党，强烈反对奴隶制度，积极为黑奴辩护，认为奴隶制是一种"极不公平"的制度。他说："奴隶虽是一个人，但是法律上他却不是一个人，而是一个物。现在有人企图破坏自由的保障，假如他们得逞，把一切自由黑人都变成了物，那时你便可设想，他们把穷苦白人变成物的日子难道还会远吗？""因为我不愿当奴隶，所以我也不愿当奴隶主。这表达了我的民主思想，任何与此不同的想法都不是民主。"他在竞选演说中说："我们为争取自由和废除奴隶制度而斗争，直到我国的宪法保证言论自由，直到整个辽阔的国土在阳光和雨露下劳动的只是自由的工人。"1858年，林肯在参加伊利诺伊州参议员竞选时，发表了一篇题为《裂开了的房子》的演说，他把南北两种制度并存的局面比喻为"一幢裂开了的房子"。他说："一幢裂开的房子是站立不住的。我相信这个政府不能永远维持半奴隶和半自由的状态。我不期望联邦解散，不期望房子崩塌，但我的确希望它停止分裂。"

1860年林肯代表共和党赢得大选，成为美国第16任总统。1861年3月4日，林肯在国会大厦宣誓就职。"我庄严宣誓，我将忠实地履行合众国总统的职责，我将尽我最大的努力保持、维护和捍卫合众国宪法。"林肯受命于危难之际，肩负起拯救联邦，维护国家统一的重担。这年的4月，南方11州挑起战争占领了萨姆特堡，内战开始。

战争初期，北方军队节节败退。第一次布尔河大会战由于准备不足导致失利，南方军队直逼首都华盛顿。10月，北方军队再次惨败。北方军队一时看不到胜利的希望何在，在战争的过程中，虽多次更换将领，依然不见成效。1862年9月，林肯亲自起草了《解放黑奴宣言》草案。1863年1月1日正式颁布了《解放黑奴宣言》，宣言宣布"为人占有而做奴隶的人们都应在那时（指1863年元旦）及以后永远获得自由"，"合众国政府行政部门，包括陆海军当局，将承认并保障上述人等的自由。"宣布黑奴获得自由，从根本上瓦解了叛军的战斗力，也使北方军得到充足的兵源。内战期间，直接参战的黑人达到18.6万人，他们作战非常勇敢，平均每三个黑人中就有一人为解放事业献出了生命。

1863年6月，南北战争中双方在葛底斯堡进行决定各自命运的决战，最终北方战胜南方。为纪念在这场战役中牺牲的将士，林肯发表了历史上著名的葛底斯堡演讲："87年前，我们的先辈们在这个大陆上创立了一个新国家，它孕育于自由之中，奉行一切人生来平等的原则。现在我们正从事一场伟大的内战，以考验这个国家，或者任何一个孕育于自由和奉行上述原则的国家是否能够长久存在下去。我们在这场战争中的一个伟大战场上集会。烈士们为使这个国家能够生存下去而献出了自己的生命，我们来到这里，是要把这个战场的一部分奉献给他们作为最后安息之所。我们这样做是完全应该而且是非常恰当的。"

但是，从更广泛的意义上来说，这块土地我们不能够奉献，不能够圣化，不能够神化。那些曾在这里战斗过的勇士们，活着的和去世的，已经把这块土地圣化了，这远不是我们微薄的力量所能增减的。我们今天在这里所说的话，全世界不大会注意，也不会长久地记住，但勇士们在这里所做过的事，全世界却永远不会忘记。毋宁说，倒是我们这些还活着的人，应该在这里把自己奉献于勇士们已经如此崇高地向前推进但尚未完成的事业，倒是我们应该在这里把自己奉献于仍然留在我们面前的伟大任务——

我们要从这些光荣的死者身上汲取更多的献身精神，来完成他们已经完全彻底为之献身的事业；我们要在这里下定最大的决心，不让这些死者白白牺牲；我们要使国家在上帝福佑下得到自由的新生，要使这个民有、民治、民享的政府永世长存。"

　　林肯击败了南方分离势力，维护了美利坚联邦及其领土上不分人种、人人生而平等的权利。内战结束后不久，林肯遇刺身亡，他是第一个遭遇刺杀的美国总统，也是首位共和党总统，他被认为是美国历史上最伟大的总统之一。马克思在评价林肯时说："在美国历史和人类历史上，林肯必将与华盛顿齐名！"

莫罕达斯·卡拉姆昌德·甘地

| 圣雄甘地，非暴力不合作运动领导人。

莫罕达斯·卡拉姆昌德·甘地（1869年—1948年），印度现代历史上的伟大人物，印度国大党领导人，他带领印度脱离英国的殖民统治，走向独立。印度人民称其为精神领袖。

甘地出身于卡提阿瓦半岛西海岸的波尔班达的一个吠舍中产家庭，他系父亲的第四位妻子普特里拜所生。他成长在一个虔诚信奉仁爱、不杀生、素食、苦行的印度教家庭。甘地腼腆、羞怯、循规蹈矩，13岁的时候便与一同龄文盲女孩成婚。19岁时，甘地远离故乡到英国学习法律，毕业后回国从事律师事务，无所建树。甘地在1893年来到英国统治下的南非，领导南非的印度人争取权利，在南非20年的磨砺中，他逐渐形成了自己的非暴力不合作理论。1915年回到国内，周游全国，教育农民，建议工人在非暴力斗争的前提下进行罢工。后来成为印度国大党领袖，"非暴力不合作"成为印度国大党的指导思想。开始为印度的独立而进行奋斗。第二次世界大战后，随着殖民体系的瓦解，战后民族运动高涨，印度在英国炮制的"蒙巴顿方案"下一分为二，分裂为印度和巴基斯坦两个国家。因为宗教冲突，两国流血冲突不断发生。面对冲突，甘地以绝食来感化他们，呼吁善意、和平，呼唤人们保持克制，但甘地自己不幸在1948年倒在了自己同胞的子弹下。

甘地虽然出生在中产阶级家庭，但他平凡又善良，小时候并没有展现出超人的天赋。从小学到中学，他的成绩都不是很好，最多算个"中等学生"。不过他很诚实和善良，有这样两个小故事可以说明这一点。

有一天，一位督学到甘地的学校检测学生的英文水平。他让学生们听写五个英语单词，甘地写对了四个，就是"茶壶"这个词不会拼。正当甘地皱着眉头冥思苦想的时候，老师刚好走到他旁边。老师用脚尖轻轻地碰了一下他的椅脚，暗示他去偷看旁边同学的卷子，可甘地继续低着头想，不愿看别人的答案。结果，大家都考了满分，只有甘地一个人考了八十分。督学走后，老师把甘地叫到面前，说："傻孩子，偶尔作弊一次又有什么关系呢？如果你也能拿满分的话，我们就可以受到表扬了。"可甘地坚持认为自己那样做是正确的，抄袭就是不对，倒是老师让他作弊，让他感到非常难过。

有一次，甘地坐火车，不小心把自己穿着的一只鞋子掉在铁轨上了。此时，火车已经轰隆隆地启动了，他已不可能下车去捡那只鞋子。旁边的人看到甘地没了一只鞋子，都为他可惜。忽然，甘地弯下身子，把另一只鞋子脱下来，扔出了窗外。身边的一位乘客看到他这个奇怪的举动，就问："先生，你为什么要这样做呢？"甘地笑了笑，慈祥地说："这样的话，捡到鞋子的穷人，就有一双完好的鞋子穿了。"

甘地在留学英国期间，面对英国陌生的环境，他变得胆小，甚至和外国人说话都让他感到痛苦。在留学期间，甘地参加了一次在伦敦素食者大会，当他发表见解时，却失去了勇气，只好找人代读。还有一次与朋友出席素食主义会议时，准备了一篇讲话稿，当他站起来宣读时，感到眼睛模糊，手不停地发抖，只好让他的朋友为他代读。他在学成回国从事律师活动时，有一次，接受了一件案子，为一件小诉讼案进行辩护。当他向原告询问证词时，自己变得无所适从，不知道该说什么，想不出任何问题询问原告。最后，他只得将诉讼费用退还给委托人。甘地到南非后逐渐走上为南非印度人争取权利的道路。到达南非的第二天，他去拜访该法院的法官，法官要求他摘下头巾，甘地果断拒绝，离开法院。还将此事通过报社来报道维护自己正当的权利。有一次，他因公事远行，得到一张头等舱的火车票。当甘地拖着行李准备上车时，一位刚上车的白人乘客拒绝同一个"有色人种"同乘一辆车厢，铁路工作人员便命令他搬到"行李车厢"，这马上遭到甘地的拒绝，铁路工作人员把他推下了火车，并拿走了他的行李。原来，在英国殖民地南非，种族歧视非常严重，有色人种是不能坐头等舱的。那一晚，甘地在站台上冻了一夜。他想不明白，每个人地位都应该是平等的，为什么自己会受到歧视呢？在南非一连串的受挫，促使他必须立即投入战斗。于是，他召集了一次印度侨民团体会议，在会上，他做了人生的第一次公开演讲，他已从昔日的张口结舌到现在的滔滔不绝。他号召印度侨民团结起来，维护自己的权利。之后发生了印度侨民将被剥夺公民权的事件，1906年8月，南非政府颁布一项法律草案，要求所有的印度侨民必须注册登记，警察随时有权检查他们的注册登记。在印度侨民的一片怒涛推动下，甘地带领全体侨民反对这一法案，进行抵制，法案通过后，甘地接受挑战，组织侨民进行消极抵抗，后被捕入狱。最终，政府同意取消那些有辱印度侨民的法令，并在其他方面也作出了一些让步。

　　英国作为19世纪世界上最为强大的国家，一度成为世界文化的中心。年轻的甘地曾经非常向往和憧憬大英帝国，可以说他是英国的"忠实"信徒。他曾经组织救护队为大英帝国服务。第一次世界大战爆发时，为帝国招募新兵。他对英国抱有极大的幻想，在对待南非殖民地问题上，甘地一直都期望英国能够平等对待，并相信自己能够劝使英国政府公正地对待南非的印度侨民。他曾说："无论如何，英国人民和印度人民是紧密结合在一起的。两个种族应该给后代树立一个光辉的形象……大英帝国不是建立在物质基础上，而是建立在精神基础上。"可见，甘地对英国政府抱有极大的期望。然而这一期望随着第一次世界大战后《罗拉特法案》的公布而破灭。这一法案剥夺了印度人的公民自由，政府官员可以不经审讯任意逮捕和监禁印度人。为此，甘地走上了长达近30年的斗争历程，一直战斗在印度舞台的中央。他号召全国实行抵制英货运动，终止一切正常的生意活动。他在《印度自治》一书中说："英国人并没有夺取印度，是我们自己将印度奉送给他们的。他们待在印度，并不是因为他们有势力，而是因为我们供养着他们。"所以，我们与他们不合作，英国的统治就会垮台。他号召印度人辞去在英国机构的工作，律师离开英国人的法庭，学生离开英国人办的学校，不买英国人的货物。所有人都爱自己的国家，为自由而战，成为一个非暴力的战士。至此，为了唤醒沉睡的印度人民，甘地先后多次发动不合作运动，几经入狱，命运多舛，为印度的独立奉献了自己毕生的精力。

甘地的思想带有浓厚的宗教色彩。印度是佛教的发源地，印度的一切都打上了宗教的色彩。甘地的思想脱胎于古代印度的宗教教义。甘地信仰印度教，其基本教义有三点：一是厌世，二是禁欲，三是隐逸。甘地还受到基督教教义的影响。他说："是新约把我唤醒，使我晓得消极的抗拒和施爱于仇敌是对的，是有价值的。"他的非暴力不合作主义的理论基石就在于他的神灵观和人性观。一般来说，人们把甘地主义概括为非暴力不合作的政治策略、布衣素食和静穆祈祷的神秘主义、手工纺织的经济思想以及社会托管的社会理论等。甘地主义包含两个原则：一个是消极方面的，即不去做什么，另一个是积极方面的，即要求人们主动地、积极地去爱别人。因此，非暴力的核心是爱和感化。甘地竭力主张人们应当通过非暴力的手段，即通过自我牺牲和爱的行为，抑制自私、仇恨、报复、嫉妒的感情。首先，使自己的内在"善"的本性显现出来；其次，再去感化或唤醒犯错误者的内在的善性，使他们改邪归正。他将印度教传统与非暴力抵抗手段相结合，充分发动群众，特别是农民群众，从而使印度的民族运动真正奠基于群众运动之上，改变了原先那种脱离群众的上层资产阶级政治改良活动。

甘地主义对印度争取民族独立的斗争产生了重大影响，印度国大党接受甘地主义为指导思想，多次发动和领导了全国性的大规模的抗英非暴力不合作运动，给英国殖民政权造成了极大的冲击。

列 宁

> 著名的马克思主义者，无产阶级革命家、政治家、理论家、思想家。苏俄（世界上第一个社会主义国家）和苏联的主要缔造者、布尔什维克党的创始人、十月革命的主要领导人、苏联人民委员会主席（即苏联总理）。

列宁（1870年—1924年），本名为弗拉基米尔·伊里奇·乌里扬诺夫，列宁是他参加革命的笔名。列宁出生在俄国伏尔加河畔的新比尔斯克城。9岁时，列宁进入新比尔斯克省中学学习，成绩优异，曾获得学校颁发的金质奖章。中学时代列宁开始接触并学习马克思主义著作。1917年十月革命爆发，在列宁领导下，俄国人民终于取得了十月社会主义革命的胜利。革命胜利后，列宁投身于巩固新政权，建设新社会的伟大事业。

1924年因病逝世。

作为革命者的列宁，曾多次被沙皇政府流放。列宁在喀山大学学习期间，与学校的革命者建立了联系。这时沙皇专制政府对于革命者或者进步力量采取高压政策。学生只要发布反政府的言论，就会被关进禁闭室，或者被捕。1887年12月，列宁因参加学生运动被捕，当被押送监狱时，警察对他说："你这个年轻人，为什么要造反？横在你面前的是一座墙壁哩。"列宁应道："是一座腐朽的墙壁罢了，只要轻轻一推，它就会倾倒。"12月5日，列宁被流放到喀山省一个偏僻的小山村，受到警察的严密监视。沙皇当局把列宁视为"最危险的革命分子"。列宁的一举一动都被密报到警察局。1895年，列宁在彼得堡建立"彼得堡工人阶级解放斗争协会"，后协会被沙皇政府破坏，列宁被捕，被流放到西伯利亚。在流放期间，俄国社会民主工党第一次全国代表大会在明斯克召开，列宁积极参与，流放结束后，列宁为建立一个统一的马克思主义政党而不懈斗争。

1888年，列宁流放结束后回到喀山，参加到革命的秘密组织中去，列宁积极学习马克思主义理论。1892年，他组织了当地第一个马克思主义小组，并将《共产党宣言》译成了俄文，还写下了第一本著作《农民生活中新的经济变动》。1893年8月，列宁来到俄国政治中心彼得堡，积极投身于工人运动中，成为彼得堡马克思主义者领导人。在如何建立马克思主义政党上，列宁必须消除民粹主义思想和"合法马克思主义"危害。列宁在这期间撰写了《什么是"人民之友"》的文章，指出民粹派实际是人民的敌人，只有真正的马克思主义者才是人民之友。这一著作标志着列宁马克思主义世界观的最终形成。1895年，列宁出国考察西欧工人运动，回国后深入工人中听取工人的意见，面对当时彼得堡马克思主义小组的分散林立，为联合起来开展工作，列宁组建了"彼得堡工人阶级解放斗争协会"，为后来俄国马克思主义政党的诞生奠定了基础。1900年，列宁创办《火星报》，撰写文章指导俄国马克思主义政党的建立。1901年列宁发表了《从何着手》一文，1902年出版《做什么》一书。为俄国马克思主义政党的建立指明了方向和奠定了思想基础。1903年，俄国社会民主工党第二次代表大会召开。列宁作为大会主席团成员发言。在会上，列宁既反对普利汉诺夫按照西方资产阶级政党建党，又坚决同马尔托夫为代表的机会主义分子做斗争。1904年，列宁写了《进一步，退两步》一书，批判机会主义者。1912年，俄国社会民主工党第六次代表大会在布拉格召开，清除了孟什维克，形成了纯粹的布尔什维克的马克思主义政党。

1905年，俄国爆发资产阶级革命，在列宁的领导下，为布尔什维克党制定了党的策略路线，列宁撰写了《社会民主党在民主革命中的两种策略》一书。书中对俄国革命的性质、任务、特点、动力、道路和前途都做了详细的分析与阐述。最后，由于准备不足、经验缺乏导致失败。1917年，俄国爆发了二月革命，列宁回到国内发表了著名的《四月提纲》，指出俄国资产阶级民主革命已基本完成，应过渡到社会主义革命阶段，实现无产阶级和贫苦农民的专政，建立苏维埃政权。《四月提纲》为布尔什维克党提出了从资产阶级民主革命过渡到社会主义革命的路线和计划。7月在彼得格勒举行的布尔什维克党的"六大"上，按照列宁的指示，制定了武装起义的方针。列宁撰写了《国家与革命》一书，为即将开始的革命做了理论上和思想上的准备。11月，列宁来到斯莫尔尼宫，亲自指挥起义，攻占资产阶级临时政府占据的冬宫，革命取得胜利。

十月革命胜利后，新生的政权面临各种各样的困难。为了巩固苏维埃政权，布尔什维克党采取了一系列政治经济军事措施。废除了临时政府时代从中央到地方的各级官僚，建立了各级人民政权机关——工兵农代表苏维埃和人民委员会。1917年12月4日，人民委员会颁布了关于法院的第一号法令，废除旧的司法制度、旧法院和旧警察，建立新型的苏维埃司法机关和工人民警。军队是国家机器的主要组成部分。苏维埃政权建立后，一方面，立即着手在旧军队中实行民主化措施；另一方面，则新建一支正规的工农红军。苏维埃政权还颁布了一系列法令，彻底铲除封建残余，废除等级制度，实行国家与教会分离，学校与教会分离，宣布男女平等，国内各民族一律平等，废除民族压迫和宗教特权。1918年7月，第五次全俄苏维埃代表大会上又通过了《俄罗斯苏维埃联邦社会主义共和国宪法》。列宁起草的《被剥削劳动人民权利宣言》是宪法的第一章，起着宪法总纲的作用。宪法明确规定了苏维埃政权的无产阶级性质，把苏维埃政权成立以来社会主义革命和建设的成果用根本大法的形式固定下来。无产阶级夺取政权后，必须彻底改造剥削阶级统治的经济基础，组织和建设社会主义经济，这是巩固无产阶级专政的重要方面。他签署了《和平法令》，呼吁第一次世界大战中交战国各方进行和平谈判，与德国签订了《布列斯特和约》从而退出第一次世界大战，为新政权建设赢得了时间。1918年，面对帝国主义的武装干涉和国内反革命势力的反扑，列宁提出"一切为前线"的口号，实行"战时共产主义政策"，粉碎了国内外武装力量，使新生政权得以巩固。

建立新政权后，建设新社会是列宁的主要任务。列宁在1918年指出："按国家政治制度以及按工人的政权力量说来，我们俄国无产阶级比任何英国和任何德国的还要先进，而同时按相当完善的国家资本主义组织，按文化水准，按施行社会主义的物质生产准备程度说来，我们俄国无产阶级比西欧最落后的国家都还要落后。"如何实现从落后向先进转变，列宁在1921年实行了新经济政策：在农业政策上实行粮食税，允许农民在交纳规定数量的实物税后，自己处置手中的余粮，开放自由市场，允许自由贸易；实行租让制，搞对外开放。把国营的一部分工矿企业、一部分土地森林等资源出租给外国资本家经营和开发，搞合资企业，引进国外的资金、先进技术、人才和管理经验；大力发展商品生产，扩大土地流转，把发展商业视为搞活经济的中心环节；发展以公有制为基础的多种经济形式，包括发展个体经济、私营经济、租让经济、租赁经济、合资经济、合作社经济、国有经济等多种经济形式。

列宁以及联共（布）的革命实践，形成了列宁主义。列宁主义是帝国主义和无产阶级革命时代的马克思主义。是伟大导师列宁同志在领导俄国革命的实践中，坚持马克思主义和新的历史时代的无产阶级革命运动相结合，深入研究了资本主义发展到帝国主义阶段的规律，总结了无产阶级和资产阶级阶级斗争的新经验，概括了20世纪初期社会科学、自然科学发展的最新成果，创造性地运用和发展了马克思主义，从而使马克思主义理论达到了一个新阶段，即列宁主义。列宁主义是在俄国革命实践的基础上对马克思主义基本理论的继承和发展。列宁主义与马克思主义等其他流派相比，最大的特征就是其"无产阶级专政"的理论。19世纪末20世纪初，国际共产主义运动在"如何取得政权"和"无产阶级政权如何治理国家"两个问题上出现了重大分歧。以考茨基为代表的一派认为，无产阶级政党应当致力于合法斗争（即在资产阶级议会中进行议会斗争），在取得政权之后可以保留所谓的民主制度。而以列宁为代表的另一派认为，无产阶级政党寻求所谓的合法斗争的努力必然有使其修正主义化的可能，无产阶级取得政权在帝国主义阶段只能通过暴力革命的手段，而在取得政权之后，不应当保留资产阶级民主制度，而应实施无产阶级专政，在无产阶级获得政权之后，即使一国的资产阶级已经不存在，仍然有必要采取专政的方式保卫无产阶级政权。

毫无疑问，列宁是20世纪最有影响力的人物之一。

温斯顿·丘吉尔

> 英国著名的政治家、优秀的演讲家、杰出的外交家；1953年获得诺贝尔文学奖。

温斯顿·伦纳德·斯宾塞·丘吉尔（1874年—1965年），出身于英格兰牛津郡伍德斯托克一个名门望族的贵族家庭。丘吉尔7岁被送到阿斯科特贵族子弟预备学校读书，13岁被送到哈罗中学学习，后考入桑德赫斯特皇家军事学院，毕业后进入第四骠骑兵团任中尉。1895年，丘吉尔以战地记者身份先后到古巴、印度、南非等地。1900年，丘吉尔当选下议院议员。1905年12月，自由党领袖坎贝尔·班纳曼组阁，丘吉尔获得殖民地事务部次官的职务，推动南非取得自治。1907年，丘吉尔被批准为三级文官。1908年4月，丘吉尔被任命为贸易大臣。1910年丘吉尔出任内政大臣。1911年10月，丘吉尔与麦肯纳交换职务，转任海军大臣，建立海军参谋部，在第一次世界大战爆发时，丘吉尔

已经让英国舰队做好了充分准备，1915年攻打达达尼尔海峡失败，丘吉尔被免除职务，转任不管部大臣，丘吉尔辞职赴法国参战。1917年7月，劳合·乔治宣布任命丘吉尔为军需大臣。1919年丘吉尔出任陆军大臣。1924年，丘吉尔被任命为财政大臣。第二次世界大战前夕，他洞察时局，警告国人，主张联俄，共同对付德国。1939年，英国对德宣战，丘吉尔出任海军大臣。1940年，丘吉尔成为战时首相，兼任下院领袖、国防大臣和国防委员会主席。不列颠空战挫败了德国的"海狮计划"。丘吉尔促成了与美国、苏联的联盟，为建立世界反法西斯统一战线做出了重大贡献，1945年他大选失利。1951年，英国大选他再次当选为英国首相。1965年1月24日，因脑出血昏迷不醒，于24日病逝。

丘吉尔一生充满了传奇。1899年，丘吉尔以《晨邮报》战地记者的身份来到南非，采访英布战争。随即，投入到侦察行动中。他们乘坐装甲车来到布尔人占领区，遭遇阻击，被迫撤退，在撤退过程中，与化装成铁路工人的布尔人遭遇，丘吉尔拔腿就跑，两个布尔人在后面拼命地追，并朝他开枪。丘吉尔急中生智，穿过一个铁丝网，躲进了一个小屋里。不巧的是，一个骑马的布尔人向他奔来，命令他缴械投降。丘吉尔本想用手枪击毙他，可是，手枪却不见了，他只好举手投降。他被关押在比勒陀利亚的一所国立师范学校，这里一共关押有60人，由40多名南非警察看管，白天有10名警察轮流巡逻和警戒,其余人则在警察棚内玩牌或者休息,夜间则在棚内睡大觉,门口只有一个警察把守。警察距离看守地有50米远。丘吉尔有了越狱的想法,1899年12月,丘吉尔极为大胆地独自一人越狱成功。越狱成功后,他奔向铁路,爬上火车,藏在装煤的空袋子下面。黎明时,他下了火车,躲在野外的草丛里。而布尔人正在四处搜寻逃犯,丘吉尔被困,在深夜逃向山里,寻求帮助。他敲响了一家人的房门说:"我请求援助,我遇到了意外。"丘吉尔向房主说:"我是丘吉尔,英国《晨邮报》的战地记者,我是逃出来的,我要去边境,我有的是钱,你能帮助我吗?"幸好丘吉尔遇到的这家人是英国侨民。在这家人的帮助下,丘吉尔装扮成搬运工人藏在一个运羊毛的车里被偷运出国境。

20世纪30年代,面对德国法西斯的扩张,丘吉尔意识到战争即将来临,他警告国人必须提高警惕,做好战争的准备。"必须再一次联合欧洲一切力量来约束、抑制、必要时挫败德国的霸权。"面对英国首相张伯伦的绥靖政策,丘吉尔主张联合苏联,他认为:"只有成立法、英、俄联盟,才能有希望制止纳粹的进犯。"1940年5月,丘吉尔临危受命接任英国首相组成战时内阁,在下院发表著名的演讲鼓励人们团结一致共同抗击法西斯。丘克尔组织"敦刻尔克大撤退"加强了英国本土防御力量,为最后反击法西斯德国保存了大量有生力量。丘吉尔还加大了军需生产,研制新式的战斗武器,做好"不列颠之战"的一切准备。德国纠集大量的空军准备把不列颠夷为平地。在8月13日到8月16日对英国展开了为期四天的空袭,企图迫使英国投降。由于英国早有准备,德军损失惨重,到9月,德军损失飞机1733架,飞行员6000多名,伦敦空战以德国的失败而告终。丘吉尔抵抗住了德国的进攻,成为欧洲反法西斯战场的中流砥柱。他意识到只有建立广泛的世界反法西斯统一战线才能够取得最终胜利。因此，丘吉尔给美国总统罗斯福写了一封信。他说："如果你认为摧毁纳粹的法西斯暴政对美国人民的西半球是一件大事，那么，你就不会把这封信看成是乞求支援的信，而将把它看作是一份陈述书，其中说明为了达到我们的共同目的而采取最低限度的必要行动。"罗斯福读完信后发表了著名的"炉边谈话"，促使美国放弃中立，加入到同盟中来。1941年6月，德国突袭苏联，丘吉尔发表广播讲话，号召英国人民援助苏联。他说："最近25年来，没有一个人比我更始终不渝地反对共产主义。我不想收回我说过的话。但是，面对着正在我们面前展现的这幅情景，那些都黯然失色了。""俄国的灾难就是我们的灾难，也是美国的灾难，俄国人为保卫家乡而战的事业是世界各地每个自由人的斗争事业。"1942年，《联合国家宣言》发表，标志着世界反法西斯统一战线的建立。1943年，德黑兰会议，丘吉尔、罗斯福、斯大林"三巨头"会晤，为盟军协调行动最终打败法西斯做出了巨大的贡献。

  人们经常诧异于丘吉尔的天才演说，但殊不知这是丘吉尔与自己抗争的结果。丘吉尔从小有口吃和发音不清的毛病，这对于他来说是一个重大挑战。为了克服这一毛病，丘吉尔常常对着镜子进行练习，直到将稿子背得娴熟为止。1940年，丘吉尔临危受命，面对德国咄咄逼人的进攻，丘吉尔发表了就任首相的演说："在这危急存亡之际，如果我今天没有向下院做长篇演说，我希望能够得到你们的宽恕。我还希望，因为这次政府改组而受到影响的任何朋友和同事或者以前的同事，会对礼节上的不周之处予以谅解。这种礼节上的欠缺，到目前为止是在所难免的。我已告知新政府的各位大臣，在此我再敬告诸位议员：我没有什么可以奉献，有的只是热血、辛劳、眼泪和汗水。我们还要经受极其严峻的考验，我们面临着漫长而艰苦卓绝的斗争……我满怀兴奋和希望，担负起我的工作。我深信，人们不会让我们的事业遭到失败。此时此刻,我觉得我有权利要求大家的支持。我要说'让我们团结一致,同心协力,共赴国难吧!'""敦刻尔克大撤退"时,丘吉尔为鼓励三军将士,他发表了著名的演说:"虽然欧洲大片的土地和许多有名的古国已经或即将沦入秘密警察和纳粹统治的种种罪恶机关之手,我们也毫不动摇,毫不气馁。我们将坚持到底,我们要在法国作战,要在海洋和大洋中作战;我们将具有越来越大的信心和越来越强的力量在空中作战;我们将不惜任何代价保卫我国本土,我们将在海滩上作战,我们将在敌人登陆的地点作战,我们将在田野和街巷作战,我们将在山区作战。我们绝不投降,即使我们这个岛屿或这个岛屿的大部分被征服并陷于饥饿之中——我从来不相信会发生这种情况——我们在海外的帝国臣民,在英国舰队的武装和保护之下也将继续战斗,直至上帝认为适当的时候已到,新大陆将挺身而出,以其全部力量支援旧世界,使旧世界得到解放。"

丘吉尔不仅仅是一位著名的政治家,国家卓越的领导人,还是一名知名作家。

从1895年开始,丘吉尔在古巴、印度和南非以战地记者身份参加到部队中去,并以此来不断提高自己的声望。在古巴,丘吉尔为《每日真理报》写战地报道,引起读者的兴趣,被西班牙政府授予一枚红十字勋章;在印度的军旅生活为丘吉尔创作积累了大量的素材,1898年,他的第一部著作《1897年马拉坎德野战军的故事——边境之战插曲》出版;在南非他以自己虎口脱险的经历向《晨邮报》发表了一篇战俘逃亡的详细报道,吸引了大量的读者。他被当作"战争英雄"受到热烈欢迎。这些为丘吉尔积累了大量的政治资本。1923年,赋闲在家的丘吉尔出版了以第一次世界大战为题材的巨著《世界危机》,全书由丘吉尔口授完成,本书当时被赞为"写应用文章的文风比任何当代作家都好"。随后完成一部自传《我的少年时代的生活》。1933年撰写新著《马尔巴罗传》,此书与列夫·托尔斯泰的《战争与和平》齐名。1945年,丘吉尔大选失败后,完成了《第二次世界大战回忆录》并在1953年获得诺贝尔文学奖。

斯大林

> 苏联伟大的政治家，苏联执政时间最长的最高领导人，国际共产主义运动活动家，领导苏联人民取得卫国战争胜利，对20世纪苏联和世界历史的发展产生了深远的影响。

约瑟夫·斯大林（1878年—1953年），出生于南高加索梯弗里斯州哥里城的鞋匠家庭，1953年3月5日因脑出血病逝，享年75岁。

1888年，母亲把斯大林带到了她当清洁工的哥里镇教会小学；1894年夏，斯大林由校方推荐进入了第比利斯神学院。1898年秋，斯大林参加了社会民主党组织的"麦撒墨达西社"。1899年5月，由于斯大林的活动引起学院的反感，他被学院开除。后来他参加了马克思主义运动，1903年加入布尔什维克。俄国1905年革命时期，斯大林为高加索地区革命领导人。1905年12月出席布尔什维克党第一次代表会议，1902年4月—1913年3月间，他先后7次被捕，6次流放。1912年1月在党的第六次代表会议上被选为中央委员。1912年春，斯大林负责创办《真理报》，9月任《真理报》主编。1912年底至1913年初撰写了《马克思主义和民族问题》，阐明马克思主义关于民族问题的理论和纲领，得到列宁很高的评价。1913年7月—1917年3月斯大林又被流放到西伯利亚。1917年斯大林协助列宁领导十月革命。1922年担任苏联共产党总书记，领导苏联人民在前两个五年计划的实施后一跃成为欧洲强国。1934年斯大林掌握实权。1935年斯大林开始展开对内部的大清洗运动。第二次世界大战爆发后，斯大林领导苏联人民积极抗击德国法西斯，取得了卫国战争的胜利。卫国战争胜利后斯大林继续领导苏联人民进行社会主义建设事业直至1953年病逝。

我们将镜头集中到斯大林担任苏维埃政权最高领导人之后的几个历史画面上。

领导建设。斯大林面临的头等大事，就是制定国民经济发展第一个五年计划。第一个五年计划执行了一年零八个月，取得了可喜的成就。工业在国民经济中的比重有史以来第一次超过了农业。苏联第一个五年计划的主要经济指标，于1932年提前9个月完成。整个国民收入从1928年的244亿卢布增加到1932年的455亿卢布，增长了68%。改变了长期以来落后的农业国的面貌。第一个五年计划结束后，苏联接着实施第二个五年计划。苏联"二五计划"期间，值得大书特书的是斯达汉诺夫运动。1935年8有31日，顿巴斯煤矿年轻的掘煤工人斯达汉诺夫，改进了掘煤方法，在一个工作日6个小时内采煤102吨，超过普通采煤工作日生产定额的13倍，成为轰动一时的新闻。在这一革新运动的推动下，苏联第二个五年计划期间工业劳动率生产提高了82%，大大高于原计划的63%。苏联第二个国民经济发展五年计划于1937年4月1日再度提前9个月完成。在这4年多中，全苏联有4500个新的企业建成投产；工业总产值增长了120%，农业总产值由第一个五年计划期间的负增长，增长了54%；国民收入增长了109%，人民的工资增加了1.5倍，集体农庄农民收入增长了两倍多，到1937年，工业总产值比1932年增加了1倍，比1913年增加了7倍。经过两个五年计划的努力，苏联实现了对整个国民经济的技术改造，建立了大型的现代化工业基础，形成了独立完整的工业体系。十年间，苏联工业产值增长3.7倍，其发展速度超过世界上所有资本主义国家。1936年工业总产值超过了德国、英国和法国等老牌资本主义国家，跃居欧洲第一位和世界第二位——仅次于美国。斯大林在1936年11月召开的全苏苏维埃第八次代表大会上，宣布苏联已建成社会主义社会，通过了苏联新宪法。新宪法规定苏维埃社会主义共和国联盟是工农社会主义国家；国家的经济基础是社会主义经济制度和生产资料社会主义公有制；政治基础是劳动人民代表苏维埃，全部政权属于城乡劳动者；国家最高权力机关是最高苏维埃，它由全体人民按普遍、平等、直接选举制以无记名投票方式选举产生，每个公民享有平等的选举权和被选举权；苏联共产党是劳动群众所有团体和国家机构的领导核心。

　　肃反运动。随着社会主义事业的发展，斯大林容忍和鼓励对自己的个人崇拜，他把在社会主义建设步骤、方法、途径等问题上和自己不同的意见的人，一概作为"右倾机会主义"进行批判。由于个人崇拜风气的盛行，斯大林的一些错误观点和做法对苏联社会的发展造成了很大的消极影响，导致苏联开展了肃反运动（大清洗），托洛茨基、布哈林、图哈切夫斯基等大批党、政、军领导人和经济学家恰亚诺夫、生物学家瓦维洛夫、作家巴别尔等著名知识分子以至普通干部和群众被加以各种罪名，遭到了"清洗"，社会主义民主和法制遭到粗暴的破坏和践踏。肃反扩大化的后果是非常严重的，影响也非常深远。它是斯大林体制造成的严重后果之一，严重影响了苏联的社会主义建设进程。

　　第二次世界大战领袖。苏联的卫国战争开始前，苏联面临德、日两面的夹击，而且力量对比苏联是不如德、日的，这个时候斯大林采取避实就虚的外交政策：一方面，和希特勒签订《苏德互不侵犯条约》；另一方面，和日本签订和平条约，但又在张鼓峰、诺门坎战役给予日本沉重打击。在英美等西方国家没有明确支持苏联的情况下，不惜与德日法西斯化敌为友，并且采取沙文主义做法，发动苏芬战争，为苏联取得战争空间。1941年6月，德国实施了闪击苏联的巴巴罗萨计划。11月，德国装甲集团百万军队兵临莫斯科城下，这个时候的斯大林，誓与莫斯科共存亡，留在莫斯科和广大军民一道，共同抗击德寇。为了提升国民及军队的士气，斯大林命令于11月7日在红场举行纪念十月革命的阅兵式。队伍在克里姆林宫前接受检阅，然后直接开赴前线。最终，在苏联军民的共同抗击下，德寇困于极度严寒的俄罗斯冬季，损失惨重，先后损失兵员50万，坦克1500辆，苏军粉碎了德军不可战胜的神话。1942年，德军向伏尔加河地区的重要城市斯大林格勒发起猛攻。会战中，德军第6集团军和第4装甲集团军，罗马尼亚第3、第4集团军，意大利第8集团军被歼灭。法西斯集团损失官兵近150万人，约占其苏德战场总兵力的1/4，德军败退，成为苏德战场和第二次世界大战的转折点。1943年11月，斯大林参加了德黑兰会议，同美国总统罗斯福、英国首相丘吉尔等人会谈，通过了在欧洲开辟第二战场的决定。之后苏联在对德战争中逐渐转入反攻。1945年2月，斯大林参加了雅尔塔会议，答应有条件对日作战，8月，苏联进攻日本在中国的关东军。

斯大林模式。"斯大林模式"是在苏联外有帝国主义的包围，国内经济、文化相对落后的情况下形成的。它采用高度集中的经济政治体制进行社会主义建设，它的关键要害在于树立个人崇拜。它违背了社会主义的民主和法制基本原则，以长官意志取代社会主义性质的民主集中制，形成了自下而上的金字塔式的个人崇拜，塔顶的是斯大林及其接班人。经济方面的特点是，国家用指令性计划管理一切经济活动，限制商品货币关系，否认市场的作用；用剥夺农民和限制居民提高生活水平的做法，实现高积累、多投资，片面发展重工业。政治方面的特点是权力高度集中；忽视民主法制建设，各级领导实际上由上级指派，基本不受群众监督；权力越来越集中在少数人手里。

哲学思想。斯大林的哲学思想大体可分为三个"板块"：辩证法、唯物论、历史唯物主义。斯大林哲学思想是属于马克思主义哲学中的一个部分，它比较全面地体现了马克思主义。第一，斯大林一贯坚持马克思主义哲学的党性原则，强调马克思主义哲学是无产阶级的世界观；第二，斯大林坚持理论联系实际的原则，强调发挥马克思主义哲学的方法论作用。第三，从哲学的内容来看，斯大林的著作对自然观和自然科学的问题涉及得比较少，对历史观和社会问题论述得比较多，对历史唯物主义做出了比较突出的贡献。

富兰克林·罗斯福

| 美国第 32 任总统，也是美国历史上迄今为止任职时间最长的总统。

富兰克林·德拉诺·罗斯福（1882 年—1945 年），又称"小罗斯福"，美国历史上著名的资产阶级政治家和思想家，美国第 32 任总统，美国历史上迄今为止任职时间最长的总统。在任期间，实行"罗斯福新政"，领导美国人民战胜法西斯，为第二次世界大战胜利做出了重大贡献。

罗斯福出身于美国纽约城海德公园村的一个名门望族，是荷兰移民的后代，童年时代随父母游历欧洲，学会了法语和德语。14 岁时，罗斯福作为格罗顿公学三年级插班生入学，毕业后进入美国著名大学哈佛大学学习，并于 1904 年毕业。从哈佛大学毕业后，罗斯福进入哥伦比亚大学法学院。1907 年，罗斯福从法学院毕业，进入律师事务所任律师。1910 年，罗斯福当选为纽约州参议员，时年 29 岁。1928 年罗斯福竞选纽约州州长成功，并获得连任。1932 年赢得美国大选，成为美国历史上第 32 任总统。1937 年，罗斯福再次当选。1944 年，赢得第四任总统的连任，1945 年 4

月12日，罗斯福因脑出血病逝。他留给世界人民四大遗产：布雷顿森林体系，雅尔塔体系，联合国和原子弹。后人评价他是一个兼"政治家、政客、鼓动者和导师品质于一身的人"。

一心从政。1900年，罗斯福从格罗顿公学毕业，本想进入海军学校学习，无奈父母反对，只好到哈佛大学学习法律，以便继承家业。而哈佛大学是造就上流社会接班人的名牌大学，这里富家子弟云集，很多人整天吃喝玩乐、花天酒地，忙于学校俱乐部的竞选，开销很大。罗斯福却志不在此，而是热衷于政治。学校崇尚体育运动，罗斯福因体重不达标常常被排斥在外，只能作为旁观者，而不能够参与其中，还常常受到别人的嘲笑。罗斯福决定证明自己是一个响当当的男子汉。他利用对当纽约州州长的堂叔老罗斯福的采访成为学校校刊《绯红报》的助理编辑，后成为该校刊的主编。在校期间，罗斯福学习成绩并不出色，他把主要的心思都花在自己的活动上。在学校里，罗斯福开始接触政治，并对政治产生了浓厚的兴趣。促使罗斯福从政决心的事情是他在自己的婚礼上受到冷遇。1905年，罗斯福与安娜·埃莉诺·罗斯福结婚，新娘是当时总统的侄女。在婚礼当天，罗斯福发现这些宾客都是冲着总统而来，本来今天新郎是"主角"，却成为"配角"。他感到自己与总统相比是多么的渺小，于是，他暗暗地发誓：将来自己一定要当总统！由此激发了他从政的决心，1910年，29岁的罗斯福当选为纽约州参议员，引起大家的关注。蒂姆·沙利文对手下的人说：又是个罗斯福家族的人，趁他还年轻，翅膀还没有硬的时候把他搞下去吧！在任参议员时，他不像大多数人一样一事无成，而是表现得非常积极。这时遇到一个政治品质极坏的威廉·希恩被送进联邦法院的事件，罗斯福团结其他议员进行了成功的抵制。1912年，罗斯福参加威尔逊竞选总统，他积极参与其中，周旋于各路人马之中，不论哪一路，他都笑脸相迎。同时，他还秘密组织了一帮人，让他们混进会场，对付无赖，最终为威尔逊赢得总统大选。威尔逊入住白宫后任命罗斯福为海军助理部长。罗斯福始终心系着总统那一顶桂冠。

身残志坚。1921年8月，罗斯福带家人在坎波贝洛岛休假，坎波贝洛岛突发森林大火，罗斯福说："快准备好。"随即大家手执扫帚、铁铲向林火扑去。经过两个多小时的战斗，终于扑灭了火灾。全家人弄得汗流浃背，浑身烟灰。罗斯福热得难耐，想跳进水里洗个澡，不料芬迪湾的水冰凉刺骨，寒气似乎一下直钻他的脏腑。他赶紧上岸，一边喊孩子们快走，一边跑回家。回家后他觉得两腿肌肉酸痛，浑身冷得发抖，夜里连续发高烧，暂时失去了对身体的机能控制。剧烈的疼痛扩散到他的背部和双腿，不久他胸部以下的肌肉都没法动了。第三天，疼痛和麻木的感觉扩展到罗斯福的肩部、手臂，甚至到了手指。两周后，经医生确诊为脊髓灰质炎症。这对于一心想从政的罗斯福来说无疑是一个毁灭性的打击。罗斯福说："我就不相信这种娃娃病能整倒一个堂堂男子汉，我要战胜它。"罗斯福凭着坚强的毅力和顽强的精神加强锻炼，为了不使下肢瘫痪，他忍着疼痛，在拐杖的帮助下练习走路，每天按照医生的嘱咐进行艰苦的锻炼，为使两腿伸直，不得不打上了石膏。罗斯福虽然身患重疾，前途渺茫，但并没有放弃理想和信念。在同疾病斗争的同时，罗斯福还积极参加社会活动，不断扩大自己的影响力。在发现温泉疗养对病情有帮助时，罗斯福把这所温泉建设成一个非营利性质的小儿麻痹症治疗中心。1928年，罗斯福参加纽约州州长的竞选。在为期四周的竞选活动中，罗斯福每天行程200英里参与竞选，发表多次演说。他表现得精神抖擞、谈笑风生、平易近人，完全不像一个残疾人，他特别得到了伤残选民的支持，最终赢得纽约州州长的宝座。上任后，他革除积弊，推出美国历史上第一次社会救济福利计划。

实行"新政"。1929年,经济危机爆发,美国遭受重挫。工人失业,银行倒闭,农产品卖不出去,可谓百业萧条。人心思变,社会动荡不安。美国的路在何方?1932年,一个问鼎白宫的机会来临,罗斯福参加总统竞选。作为总统候选人,罗斯福打破常规发表了充满希望的讲话:"我向你们宣誓,我也为自己宣誓","要执行有利于美国人民的新政。让我们全体在场的人都成为未来那种富有成效和勇气的新秩序的预言者。这不但是政治竞选,这是战斗的号令。请你们帮助我,不光是为了赢得选票,而是要在恢复美国固有的这一伟大进军中取胜。"大选揭晓,罗斯福高票当选为美国第32任总统。1933年3月9日至6月16日,美国国会应罗斯福总统之请召开特别会议。罗斯福先后提出各种咨文,督促和指导国会的立法工作。国会则以惊人的速度先后通过《紧急银行法》《联邦紧急救济法》《农业调整法》《国家工业复兴法》《田纳西河流域管理法》等。在第一阶段(1933—1935年初)。新政着重"复兴",主要目标是医治经济危机的创伤。其主要措施有:维持银行信用,实行美元贬值,刺激对外贸易,限制农业生产以维持农产品价格,避免农场主破产;规定协定价格以减少企业之间的竞争,制止企业倒闭。在第二阶段(1935—1939年)。新政则着重"救济"和"改革",主要措施:更为有力地运用行政干预,实行缓慢的通货膨胀,广泛开展公共工程建设和紧急救济,实施社会保险。以扩大就业机会和提高社会购买力;进行税制改革,根据纳税能力纳税,分级征收公司所得税和过分利得税等。罗斯福新政恢复了公众对美国政治制度的信心,强化了联邦政府机构。并由此使美国的工业、农业逐渐全面恢复。

参加第二次世界大战。第二次世界大战开始,罗斯福在对外政策方面受到极大的限制。美国被孤立派和群众中的和平主义所笼罩。受开国元勋华盛顿中立主义的影响,美国在外交事务方面都不卷入,1935年国会通过的中立法(NeutralityActof1935)

禁止美国公民向国际战争的交战国售卖军火。作为一个高瞻远瞩的政治家，罗斯福常常感到焦虑不安。他说："你一心想带领人前进，可是转过身一看，没有一个人跟着，这真可怕。"罗斯福必须把麻木不仁的美国民众从中立道路中带出来，不过罗斯福知道这必须掌握好节奏，否则会翻船。1937年，日本发动全面侵华战争，美国停留在南京的炮舰被炸沉，罗斯福提出了扩充海军军备的计划。还为英法购买军火提供帮助。1939年，罗斯福要求希特勒和意大利不要对31个国家发动侵略战争，同时要求国会废除中立法中的禁运条款。1941年3月，通过租借法案。罗斯福说："假设我的邻居失火，在四五百英尺以外，我有一截浇园的水龙带，要是让邻居拿去接上水龙头，我就可以帮他把火灭掉。我怎么办呢？我总不能在救火之前就对他说'朋友，这条管子我花了15美元，你得照价付钱'。那么我该怎么办呢？我不要15美元，我要他在灭火之后还我水龙带，就是这样。要是火灭了，水龙头还是好好的，没有损坏，那么他会送还原物，连声道谢。要是坏了，那就用实物偿还就是了。"在5月罗斯福继续指出："我们提供每一美元的物质，都有助于防止独裁者出现于我们自己这个半球。"1941年12月7日，日本偷袭珍珠港，罗斯福在国会发表了"一个遗臭万年的日子"为题的演说："昨天，1941年12月7日——一个遗臭万年的日子——美利坚合众国遭到日本帝国海军的蓄谋已久的突袭。合众国当时应该同处于和平状态，而且，根据日本的请求，当时仍在同该国政府和该国天皇进行着对话，对于维持太平洋的和平有所期待。我要求国会宣布：自1941年12月7日——星期日日本进行无缘无故和卑鄙怯懦的进攻时起，合众国和日本帝国之间已处于战争状态！"罗斯福同情中国，加强对华援助，希望蒋介石能够"拖住日本人"。他废除美国在中国的治外法权，率先承认中国的大国地位，在《开罗宣言》中要求日本将占领中国的台湾、澎湖列岛归还中国。

夏尔·戴高乐

> 法国杰出的政治家、军事家和外交家。法兰西第五共和国的缔造者，被誉为法国国父，拿破仑之后法国历史上又一伟大的巨人。

夏尔·戴高乐（1890年—1970年）出身于法国北部里尔市公主街9号一个没落的贵族家庭，从小就接受了良好的教育，戴高乐18岁时毕业于比利时安托万圣心学校。之后，他投笔从戎，1909年考取圣西尔军校，1912年毕业，毕业后戴高乐供职于阿拉斯第33步兵团，少尉军衔。在第一次世界大战中，戴高乐英勇抗敌，屡建奇功，曾三次受伤被俘，被俘期间，曾五次越狱，均未成功。

1918年战争结束后他终于返回家乡。

第二次世界大战爆发后，巴黎沦陷，法国投降。戴高乐流亡英国，组建并领导自由法国继续战斗，抵抗德国的侵略。1944年光复法国，成立法兰西共和国临时政府，戴高乐任总理兼国防部长，后辞职隐退。1958年，东山再起，重新执政，成立了法兰西第五共和国并担任第一任共和国总统，执政11年，两次主动挑起重担又主动卸下。戴高乐一生清廉，不接受任何形式的荣誉。担任总统期间，锐意改革，勇于创新，制定新宪法，将"议会制民主共和国"政体改为"新总统制"，从而结束了法国历史上党派林立、内阁更换频繁、政局不稳定的混乱局面。在外交方面，奉行独立自主的外交政策，积极发挥法国在欧洲大陆的影响力，反对美国控制，维护民族的独立与国家的主权，在西方大国中率先与中国建立外交关系。

戴高乐将军的一生，可以用机智少年、抵抗德国的旗帜、富有远见的总统、戴高乐主义来概括。

机智少年。1894年，法国历史上发生了一个特大的丑闻。法国陆军总参谋部见习军官德雷福斯上尉被以莫须有的罪名判处终身监禁。戴高乐父亲积极为其辩护，由此被污蔑为"德雷福斯分子"。一天，警察找上家门，对戴高乐的父亲说："'戴高乐神父'有'公干'。"戴高乐的父亲说："尊敬的警官先生，我不是戴高乐神父，我是亨利·戴高乐。我想，这里没有你的什么公干！"警官说："先生，你怎么说我来这里没有什么公干呢？难道你穿的平民服装能证明你不是耶稣教徒吗？还有，你总不能说你同德雷福斯上尉一点瓜葛都没有吧！"戴高乐的父亲回答道："尊敬的警官先生，如果信上帝、爱祖国有违法兰西的神圣，那我可以跟你到警察局里去。"警察张口结舌，无言以对。这时，站在父亲旁边的戴高乐瞪着大眼睛，气冲冲地对警官说："一切卖国和亵渎上帝的人都将下地狱。你想让你的灵魂上天堂吗？警官先生。"一个年仅6岁的孩子初露锋芒，化解了一次危机。

抵抗德国的旗帜。1939年，德国突袭波兰，标志着第二次世界大战爆发，由于英法执行绥靖政策，最后搬起石头砸了自己的脚。1940年，德军绕过法国的马其诺防线，于1940年6月占领法国首都巴黎。卖国贼贝当接任法国总理，主张对德投降，并签订法德停战协定。这样，第一次世界大战的胜利者法国被钉在了历史的耻辱柱上。这时，戴高乐流亡英国，当时在英国他的跟随者只有300人左右,由于人数太少,一部分人主张组成一支辅助部队帮助大英帝国抵抗德国侵略。富有远见卓识的戴高乐说:法国是大国,要继续战斗,应该使法国作为国家重新投入战斗,并最终取得胜利。因此,戴高乐认为首要的是宣布奋斗目标,号召人民继续战斗。在1940年6月18日,戴高乐在英国BBC广播公司发表了著名的"6·18号召"。戴高乐神情严肃地坐在话筒前,用深沉的声音、坚定的语调朗读了《告法国人民书》:"许多年来指挥法国武装力量的领袖们,已经成立了政府。这一政府断定我国军队失败,已经开始和敌人进行交涉,以便停止敌对行动。完全可以肯定,无论是在地面还是在天空,我们过去和现在都被敌人的机械化部队压倒。迫使我国军队撤退的是德国人的坦克、飞机和战术,而远远不是我们人数不足,正是德国的坦克、飞机和战术提供了袭击的因素,才使我国的领袖们落到现在这种不幸境地。但这是最终的结局吗?我们是否必须放弃一切希望呢?我们的失败是否已成定数而无法挽救了呢?我对这些问题的回答是:不,决不!我是基于对事实的充分了解在说话,我说法国的事业没有失败,我请求你们相信我。使我们失败的因素,终有一天会使我们转败为胜。因为,你们要记住,法国不是孤单的。它没有被孤立。在它的后面是一个广大的帝国,并且它还可以和大英帝国结成同盟;大英帝国控制着海洋,正在继续斗争。和英国一样,法国还能够充分地利用美国的取之不尽的资源。这场战争并不局限于我们这个不幸的国家。法国之战没有决定斗争的结局。这是一场世界大战。错误是犯过的,曾经有过迟延和说不尽的苦难;但是,事实仍旧是,我们来日粉碎敌人所需要的每一件东西依然存在着。今天我们被机械化实力的无情力量击败了,但是我们还能够瞩望未来,更加强大的机械化实力将给我们带来胜利。世界的命运还有待决定。我是戴高乐将军,我现在在伦敦,我向目前在英国土地上和将来可能来到英国土地上的持有武器的法国官兵发出号召,我向目前在英国土地上和将来可能来到英国土地上的军火工厂的一切工程师和技术工人发出号召,请你们和我取得联系。无论发生什么事情,法国抵抗的火焰都不能熄灭,也绝不会熄灭。"这铿锵的战斗誓言如一道闪电划破沉寂的黑夜,透过笼罩法国的失败主义阴霾,使法国人民精神为之振奋。戴高乐成为法国抵抗德国侵略的一面旗帜。

富有远见的总统。第二次世界大战后,民族解放运动高涨,殖民体系逐步瓦解,非洲殖民地纷纷脱离其宗主国。戴高乐认识到靠武力统治、军事镇压是行不通的,必须顺应历史发展的潮流,决定对阿尔及利亚实行自决。1959年9月就任总统的他发表广播电视讲话。他说:摆在阿尔及利亚人面前有三条路。一条是分离和完全独立;第二条是实现法国化;第三条是联合。这是最理想的道路。"阿尔及利亚人的政府由阿尔及利亚人管理,依靠法国的帮助,在经济、教育、防务和外交领域同法国保持紧密的联盟。"戴高乐的决定引发了一些人的不满,公然主张"法国的阿尔及利亚"。他们制造混乱,挑起事端,刺杀戴派人物。戴高乐先发制人平息事端。在1960年6月14日,戴高乐发表讲话,重新强调阿尔及利亚的自决权,在9月提出"阿尔及利亚人的阿尔及利亚"。11月发表广播电视讲话提出了"阿尔及利亚共和国"的新提法。1960年12月在访问阿尔及利亚时,欧洲人对戴高乐持公然敌对态度,他们高呼:"阿尔及利亚是法国的阿尔及利亚"。而阿尔及利亚人则高喊:"戴高乐万岁!"这一提法激怒了"极端分子",他们发动血腥冲突,企图使自决政策瘫痪。戴高乐顶住压力,在1961年全民投票公决中获得选民高达75%的支持。之后,戴高乐遭到秘密组织的多次暗杀,但都幸免于难。1962年3月法国和阿尔及利亚临时政府代表在埃维昂进行谈判。最终签署法阿协议,结束了战争。在法国举行的全民投票公决中,91%的法国选民投了赞成票。至此,阿尔及利亚问题得到妥善解决。

戴高乐主义。法国曾经是欧洲大陆的霸主,在路易十四和拿破仑时代曾称霸欧洲,第一次世界大战后的巴黎和会,法国想重新建立欧洲霸权。随着第二次世界大战结束,法国建立了法兰西第四共和国。法国经过两次世界大战,大国地位逐渐丧失,特别是在第二次世界大战中法国寄人篱下,战后又不得不依附于美国,在政治和外交方面被迫与美国保持一致,逐步丧失了外交上的独立性,直到戴高乐上台建立法兰西第五共和国,奉行戴高乐主义,实现独立自主的外交政策,谋求恢复法国的大国地位,赢得世界的支持与尊重。维护法兰西民族独立,恢复法国大国地位,特别是奉行不依附于美国的独立外交政策的方针政策,被称为"戴高乐主义"。戴高乐主义主张以法国为中心,建立"欧洲人的欧洲"。戴高乐的独立外交政策是对美国霸权的巨大挑战,提高了法国在世界的影响力。独立自主是戴高乐主义的核心内容。这个独立自主是全方位的,涉及法国的政治、经济、军事和外交保持独立。捍卫国家主权,维护民族独立,恢复大国地位和形象,使法国在国际舞台上发挥独特的作用,是戴高乐对外政策的主要思想和目标,纵横捭阖地实现外交政策是其出发点。反对美国的霸权,在欧洲联盟内部取得话语权。第二次世界大战后,美苏两个超级大国企图瓜分世界。戴高乐对美国在大西洋联盟内领导权极为不满。他上台后,要求建立三国"指导机构"来处理世界事务,使法国有机会参加北约的最高决策,分享领导权。戴高乐说,如果法国的愿望得不到满足就很难实现北约与法国的充分合作。其次,他主张建立一种世界新秩序来代替冷战。缓和并改善东西方的关系,发展同苏联的关系,同时发展同东欧国家的关系来分化苏联同东欧国家的同盟。戴高乐将军对中国人民十分友好。法国是最先与中国建立外交关系的西方大国。再次,戴高乐提出"欧洲是欧洲人的欧洲",建立西欧集团,实现联合,摆脱美国的控制。戴高乐认为："决定世界命运的，是从大西洋一直到乌拉尔的欧洲，即整个欧洲。"欧洲人应该联合起来，成为美苏两级世界的第三种力量，它既不依附美国，也不投靠苏联，而是在其中实现灵活自由，起到均衡的作用。而法国则在其中可能发挥关键的作用，从而实现法国大国梦想与辉煌！

曼德拉

> 新南非首任总统，南非的民族斗士，民族和解的缔造者，"南非国父"，20世纪90年代非洲乃至世界政坛上一颗最耀眼的和平主义明星；诺贝尔和平奖获得者。

曼德拉（1918年—2013年）出生在南非特兰斯凯首府乌姆塔塔。他是家族中唯一上过学的成员，小时候常听部落长老们讲述白人殖民统治之前的美好时光，从小对政治就产生了浓厚的兴趣。20岁时，曼德拉以优异成绩考入黑尔堡大学。在大学里，因参加反对白人废除黑人选举权的游行示威活动而被捕。1941年，曼德拉逃到约翰内斯堡，在一家律师事务所从事文书工作。1944年，曼德

拉获得威特沃斯特兰大学法学学士学位。1948年，曼德拉组织了"青年联盟"，被选为"青年联盟"全国书记。1952年12月，曼德拉当选为南非非洲人国民大会（以下简称非国大）全国副主席。他受到政府监管，不准参加任何集会。1956年12月，他因叛国罪被捕入狱5年。1961年，曼德拉成立了军事武装斗争组织——民族之矛，亲自担任总司令。1962年他再次入狱被判刑5

年。后因曾经策划"共产主义的破坏颠覆活动"被判终身监禁，直到 1990 年释放出狱。出狱后的曼德拉被推举为非国大副主席。1991 年，又当选为非国大主席。从此，曼德拉致力于废除种族隔离制度。1993 年曼德拉获得诺贝尔和平奖。1994 年，非国大赢得南非大选，曼德拉出任首任南非黑人总统。1999 年退休回到约翰内斯堡。退休后，曼德拉致力于改善农村儿童受教育的条件和预防艾滋病问题。2005 年，曼德拉被联合国教科文组织任命为友善大使。2013 年 12 月 5 日，曼德拉在约翰内斯堡住所去世。南非为曼德拉举行国葬，全国降半旗致哀。

曼德拉在狱中度过了 27 年，出狱时已经 72 岁了。铁窗生涯是他人生中最具挑战性的一段时光。入狱伊始，曼德拉就开始同监狱当权者展开不懈而艰苦的抗争。很快，他便成为政治犯的代言人。每当外界来访或视察时，他都代表狱友说话，力争改善狱中恶劣的生活环境。

1969 年 4 月 22 日，曼德拉代表被关押在隔离监禁所的所有政治犯致函司法部部长，要求真正享受政治犯的待遇，即有比较适合的伙食、衣服、床上用品；应有阅读一切未遭禁止的书籍报刊、听广播和看电影的权利；应有选择专业学习的机会。他指出，政府将政治犯不是作为有价值的人看待，而是千方百计去惩罚他们；政府未能将监狱作为恢复政治犯名誉的场所，而是将其作为处罚的工具。其他一些犯人可享有的权利，政治犯则被剥夺。当时，这封请愿书在南非议会引起了震动。为了解真相，南非白人反对党进步党的议员苏兹曼夫人到罗本岛会见了曼德拉。苏兹曼夫人认为曼德拉的理由论据不足，"你们是否准备放弃暴力和武装斗争？你们与那些白人的不同之处是你们的斗争尚在继续进行。我不能要求释放你们"。曼德拉的答复明确无误：在南非人民赢得自由以前，我和我的战友们是不会放弃武装斗争的。

虽然与苏兹曼夫人的会谈失败了，但曼德拉在监狱期间对暴力和武装斗争的考虑更加周密,认识更加完善。他认为,光口头上谈论武装斗争不行,必须要有严密的组织系统去贯彻执行这一方针。同时,曼德拉把提高狱中生活条件的斗争看作是反对种族隔离与种族歧视斗争的一部分。

从到罗本岛的第一天起,曼德拉就抗议穿短裤,并要求见狱方负责人,提出申诉。起初,狱方对他的抗议根本不予理睬。但到了第二周,曼德拉惊喜地发现自己的牢房里多了三条长裤。但很快,他注意到其他狱友并没有获得与他一样的待遇。仔细斟酌后,曼德拉恍然大悟:狱方是想用几条长裤来堵他的嘴,以便尽快平息不满。他强烈要求看守把三条长裤收回,除非每一位非洲囚犯都穿上长裤。看守不敢擅自取回长裤,最后监狱长韦斯尔上校气恼地把三条长裤拿走了,但留下一句话:"既然如此,曼德拉,你就和你的同志们穿一样的短裤吧!"曼德拉没有屈服,更不会放过任何一个斗争的机会。

1965年夏天,国际红十字会来罗本岛了解政治犯的生活情况。曼德拉抓住当局的要害,以犯人代表的身份向国际红十字会详实地介绍了他们所遭受的各种不公正待遇,提出申诉,要求狱方改善囚犯的生活条件,并真正听取犯人们的申诉。这一招果真灵验,国际红十字会成员离开后,犯人的狱服有了改善,到1966年,每位非洲政治犯都穿上了长裤。曼德拉曾向狱方提出学习的要求,并获允通过函授攻读伦敦大学法学硕士学位的课程。同时,他为其他狱友也争取到了学习的权利。不仅如此,曼德拉又带头提出配备桌椅等学习用具的要求。这次,狱方在国际红十字会的压力下,不敢再怠慢曼德拉的合理要求,他们给每间牢房添置了一张带有三条腿板凳的简易书桌。正是在这样的书桌上,借着走廊上长明灯的昏暗光线,曼德拉用深夜的时间自学了阿非利卡语(即南非荷兰语)和经济学,并偷偷完成了几十万字的回忆录。

在罗本岛服刑三年，经过大家不懈的抗争，监狱的条件有了不少改善，政治犯们在劳动时可以自由谈话而不会被看守打断。其间，曼德拉还和白人看守詹姆斯·格列高里建立起深厚情谊。詹姆斯·格列高里在回忆录中说："我那时对他们那些黑人领袖仍持有偏见，认为像政府宣传的那样，他们要杀害我们的家人，夺走我们的家园，实行多数黑人统治。通过一段时间的接触，我发现曼德拉是位天生的领袖人物，我开始尊敬他。"

出狱后的曼德拉面临着复杂的国内形势。1991年12月，代表不同种族和部落利益的主要政党在约翰内斯堡郊区的世界贸易大厅就南非的政治去向进行了激烈讨论。西部黑人部族发生了暴力冲突、制造了震惊世界的惨案。白人极右势力阻挠策划并枪杀了南非共产党主席、非国大成员哈尼，并扬言要暗杀曼德拉。面对严峻的国内形势，曼德拉说："我太忙了，根本无暇顾及我的生命，我也不会中断我的事业。"

1993年7月多党谈判会议正式确定1994年4月27日举行国内多种族大选。12月多党代表组成的过渡行政委员会正式运行，通过了临时宪法。1994年1月，南非多种族大选开始，非国大表现突出，赢得大选可能性极大，曼德拉极有可能成为南非的新主人。其不确定因素是白人维护自己的利益，另一个是黑人内部的不团结，因卡塔自由党希望建立一个独立的邦联制国家，使其成为一个独立的自治王国。曼德拉从中积极斡旋，邀请德克勒克、布特莱齐和祖鲁大酋长祖韦利蒂尼举行南非最高级和平会议，但是收效甚微。同时，曼德拉希望国际社会从中调停，但是"国际调解尚未开始便宣告了结束"。大选不得不按照先前的约定进行，因卡塔自由党要求推迟。一时间，国内团结受到极大的挑战。

1994年4月19日形势发生了戏剧性的转变。曼德拉、德克勒克、布特莱齐共同签署了《和平与和平协议备忘录》。因卡塔自由党参加大选，非国大和国民党承认祖鲁大酋长祖韦利蒂尼为祖鲁族纳塔尔地区的传统君王，并修改了宪法。4月27日大选如期举行，5月6日大选揭晓。非国大以1200万张选票赢得大选胜利，新政府由非国大负责组阁，曼德拉当选为新南非首任黑人总统。

在他的总统就职典礼上的一个举动震惊了整个世界，昭示了曼德拉的博大胸怀。总统就职仪式开始，曼德拉起身致辞欢迎来宾。他先介绍了来自世界各国的政要，然后他说，虽然他深感荣幸能接待这么多尊贵的客人，但他最高兴的是当初他被关在罗本岛监狱时，看守他的3名前狱方人员也能到场。他邀请他们起身，以便他能介绍给大家。曼德拉博大的胸襟和宽宏的精神，让南非那些残酷虐待了他27年的白人汗颜得无地自容，也让所有到场的人对曼德拉肃然起敬。看着年迈的曼德拉缓缓站起身来，恭敬地向3个曾关押他的看守致敬，在场的所有来宾都静下来了。后来，曼德拉向朋友们解释说，自己年轻时性子很急，脾气暴躁，正是在狱中学会了控制情绪才活了下来。他的牢狱岁月给他时间与激励，使他学会了如何处理自己遭遇苦难的痛苦与磨难，并以极大的毅力来训练自己。他说起获释出狱当天的心情："当我走出囚室，迈过通往自由的监狱大门时，我已经清楚，自己若不能把悲痛与怨恨留在身后，那么我其实仍在狱中。"作为一位当代伟人，曼德拉博大宽广的胸怀备受世人敬仰。

2000年，南非全国警察总署发生了严重的种族歧视事件：在总部大楼的一间办公室里，当工作人员开启电脑时，电脑屏幕上的曼德拉头像竟逐渐变成了"大猩猩"。全国警察总监和公安部部长闻之勃然大怒，南非人民也因之义愤填膺。消息传到曼德拉的耳朵里，他反而非常平静，对这件事并不"过分在意"，"我的尊严并不会因此而受到损害"，并表示警察总署出现了这类问题，看来需要整肃纪律了。几天后，在参加南非地方选举投票时,当投票站的工作人员例行公事地看着曼德拉身份证上的照片与其本人对照时,曼德拉慈祥地一笑:"你看我像大猩猩吗?"逗得在场的人都哈哈大笑。不久,在南非东部农村地区一所新建学校的竣工典礼上,曼德拉无不幽默地对孩子们说:"看到你们有这样好的学校,连大猩猩都十分高兴。"话音刚落,数百名孩子笑得前仰后合,曼德拉也会心地笑了。巧用别人对自己的恶作剧,反用幽默活跃气氛,在这里,幽默成为曼德拉博大胸怀的自然写照,书写着一个坦荡而豁达的胸襟,体现着一个伟大人物包容万事万物的海量。

菲德尔·卡斯特罗

> 古巴共和国政治家、思想家、军事家、无产阶级革命家及马克思主义者。古巴共产党、军队和国家的缔造者,"古巴国父"。

菲德尔·卡斯特罗(1926年—2016年)出身于古巴奥尔金省比兰镇的一个甘蔗种植园主家庭,小时候就读于镇上的乡村小学,后来转学就读于省城圣地亚哥市和首都哈瓦那,在那里读完了小学和中学。他13岁时曾组织蔗糖工人进行反抗自己父亲的罢工。1945年卡斯特罗进入古巴最高学府哈瓦那大学选修法律,并于1950年获得法学博士学位,其间他积极投身于反对亲美独裁政权的爱国学生运动。1947年,卡斯特罗加入了一个由查巴斯成立的政党——人民党,即古巴共产党的前身。1953年7月卡斯特罗率领一批青年攻打圣地亚哥市的蒙卡达兵营失败而被捕,被判刑15年。1954年,亲美分子巴蒂斯塔再次当选为古巴总统。巴蒂斯塔的独裁统治激化了古巴国内矛盾,引起了人民的强烈反抗。鉴于全国爆发了要求特赦政治犯的人民运动,巴蒂斯塔于1954年11月总统选举前夕释放了攻打蒙卡达的参加者。菲德尔·卡斯特罗因大赦获释后，返回了哈瓦那。

1955年，菲德尔·卡斯特罗前往墨西哥，在那里组织了一支革命部队，伺机打回古巴。巴蒂斯塔与墨西哥政府勾结破坏卡斯特罗在墨西哥的活动，这样，他不得不返回古巴。在1956年11月25日晚，菲德尔·卡斯特罗率领由82名成员组成的古巴革命队伍，乘坐"格拉玛"号游艇，离开墨西哥的图斯潘河口，向古巴进发。他们计划在11月30日抵达古巴，这时，国内24岁的革命者派斯在圣地亚哥发动一连串游击战，予以配合。到了那一天，派斯依照计划很快控制了圣地亚哥，但由于海上波涛汹涌，卡斯特罗的队伍直到12月2日才到达古巴奥连特省。卡斯特罗的革命远征队伍一上岸，就遭到巴蒂斯塔军队的围剿。经过3天血战，只有12人突出重围，进入马埃斯特腊山区，其中包括菲德尔·卡斯特罗本人和他的弟弟劳尔·卡斯特罗和格瓦拉。他们在马埃斯特腊山区建立革命根据地，开展游击战。

1957年1月，起义军夜袭普拉塔兵营，歼敌12人，首战告捷。同年5月，菲德尔·卡斯特罗部队进攻乌贝罗，歼敌53人。此后，起义军明确宣布要推翻巴蒂斯塔反动统治，建立人民革命政权，并提出进行土地改革，释放政治犯，恢复公民的政治权利等口号，赢得了各阶层人民的广泛支持，队伍不断发展壮大。在反对巴蒂斯塔暴政的斗争中，马埃斯特腊山区成为联合一切反政府力量的中心。古巴建立了以菲德尔·卡斯特罗总司令领导的"7·26运动"为中心的，包括人民社会党、"3·13革命指导委员会"及其他政党派别都积极参加的民族民主反帝阵线。菲德尔·卡斯特罗于1957年7月12日宣布的《土改宣言》和1958年10月10日宣布的《农民土地权》第三号法令，对于动员群众革命起了极其重要的作用。根据这些文件，解放区没收了地主的土地，分给农民，革命的社会基础扩大了，农民、工人、大学生等纷纷参加起义队伍。1957年底至1958年初，游击队发展到

2000多人，菲德尔·卡斯特罗把游击队改编为起义军。为了解放全国，起义军积极作战。

1958年初，劳尔·卡斯特罗带领50名战士通过敌占区，从马埃斯特腊山区转移到克里斯塔尔山区，在那里开辟了"弗兰克·派斯第二东方战线"。不久，奥连特省北部马亚里至巴腊夸一带即为起义军所控制。1958年5月，巴蒂斯塔在镇压四月罢工和哈瓦那等城市的武装起义后，开始大肆鼓吹对马埃斯特腊山区的"总进攻"。此时，游击队主要基地仅有300余人防守，只装备有步枪和冲锋枪。巴蒂斯塔政府出动1万多人的军队，配备了飞机、坦克和大炮，围剿马埃斯特腊山区革命根据地。驻关塔那摩基地的美国军队也提供飞机对起义军基地进行轰炸。起义军面对优势的敌军，与之展开了艰苦的游击战。他们在山村基地实施巧妙机动的策略，充分利用山区险峻的地理条件，使敌军疲惫并伺机袭击。政府军官兵不愿为巴蒂斯塔卖命，士气低落。起义军对俘虏的政府军人员进行教育，然后遣送回去，这些被俘官兵回到巴蒂斯塔军队后进行鼓动，数星期之内官兵纷纷开小差。起义军在当地群众的支援下，给予进攻的敌军一系列打击。7月底，在圣多明各的3天战斗中，得到增援的起义军歼灭了政府军最强大的一股敌军后，转入反攻。经过1个多月的战斗，起义军歼灭政府军队1000多人，并肃清了马埃斯特腊山区的政府军，巴蒂斯塔发动的"总进攻"以失败告终。

古巴革命胜利后，美国政府一直对古巴采取敌视态度。1960年，古巴宣布将美国公民在古巴的产业收归国有，随后美国宣布对古巴制裁，有关制裁措施在两年后被进一步升级至近乎全面的经济封锁。美国中央情报局建议准备开始武装训练古巴的流亡分子，企图推翻新生的政权。对此，卡斯特罗对美国发出警告"古巴不是另一个危地马拉！"6月，美国对古巴放弃了"耐心与克制"，美国参议院授权艾森豪威尔削减食糖定额。古巴政府决定每被削减一次定额，便没收一座美国糖厂。美国政府决定将经济制裁扩大，古巴政府与苏联一道反对美国制裁。这时，美国有人提出放弃在危地马拉训练游击队的计划而改为直接侵略，但苏联又答应保护古巴"抵抗无故的侵略"。1961年，美国入侵古巴，卡斯特罗俘虏了已登陆的绝大多数人，作为古巴的战俘用来交换医药用品。第一次入侵失败后，1962年，美国肯尼迪政府继续想推翻古巴卡斯特罗政权，形势逼人，卡斯特罗派其弟到苏联寻求帮助，苏联答应对古巴进行军事援助。由此，引发了古巴导弹危机。

20世纪80年代，古巴在美国经济制裁下越来越困难，再加上苏联政府对古巴支持的减少和美国随时可能入侵，卡斯特罗遇到了前所未有的困难。面对困难，卡斯特罗没有屈服，他说："如果有人告诉我，98％的人民不再革命，我将继续战斗。如果有人告诉我，我是唯一相信革命的人，那我即将继续革命。"同时，警告美国："如果他们胆敢进犯，他们将经历另一次越南战争！"进入21世纪，古巴政府打出反美组合拳，得到国际社会的广泛支持。2016年10月，第71届联合国大会以压倒性多数通过决议，再次敦促美国立即结束对古巴长达半个多世纪的经济、贸易和金融封锁。

卡斯特罗躲过了美国中情局无数次的暗杀行动。古巴一位名叫法比安·艾斯卡兰特的退休将军曾专门撰稿披露了美国中情局对卡斯特罗的数量多达638种的惊人的暗杀手段。当年，法比安将军的职责就是保护卡斯特罗的生命安全，有一次他认真算了一下，发现美国中情局竟有638种企图谋害卡斯特罗的方法。这一数字听起来很吓人，但是，美国中情局千方百计暗杀卡斯特罗的险恶用心由此可见一斑。艾斯卡兰特在担任古巴秘密警察局局长期间，曾指挥军队挫败了大量的暗杀阴谋。其中就有计划用来在卡斯特罗面前爆炸的"香烟炸弹"，虽然卡斯特罗幸免于难，但是这次事件仍让这位秘密警察局长终生难忘。"香烟炸弹"计划流产后，美国中情局又精心研制出著名的"雪茄炸弹"。但卡斯特罗本人却从来没有"享受"过这些含毒的雪茄。美国中情局在制造雪茄时可谓煞费苦心，都选用卡斯特罗特别中意的牌子，但从1985年起，卡斯特罗开始戒烟了。还有美国中情局获得了卡斯特罗喜欢在古巴海岸线潜水的情报，于是，就开始培育一只又一只的加勒比海贝类动物。目的是想搞到一个足够大的能盛大量炸药的贝壳，他们给贝壳涂上血红和鲜亮的颜色，以便在卡斯特罗潜入海底时可以引起他的注意。一旦他接近贝壳，贝壳就会自动爆炸。但是，这个"贝壳炸弹"计划和跟其他很多计划一样，没有取得理想的结果。美国中情局并不甘心暗杀计划一个接一个的流产，于是为卡斯特罗准备了一件能让人感染上真菌的潜水服，为的是让他染上慢性皮肤病，从而使他的体力一点点衰竭，直至死亡。然而，这项计划也是无果而终。1961年，在美国中情局的直接策划和指挥下，古巴流亡分子在猪湾登陆，突袭古巴，目的也是暗杀卡斯特罗斯，但最终仍遭失败。两年后，在肯尼迪总统被刺杀的同一天，一个美国特工被派去暗杀卡斯特罗，这个特工使用的暗杀武器是他事先在巴黎收到的一个钢笔注射器，但是这个计划也以失败告终。美国中情局虽然也曾尝试将细菌毒药放到卡斯特罗的手帕上或是掺进茶叶和咖啡里，以便毒死卡斯特罗，但没有一次能取得令美国人满意的效果。众所周知的最为惊险的暗杀行动发生在2000年，也就是卡斯特罗打算出访巴拿马的时候。暗杀方案是将90公斤烈性炸药放在演讲台下，并设置好时间，让它在卡斯特罗发表演讲时爆炸。然而，这一次，卡斯特罗的私人保镖对讲演现场进行了地毯式的搜索，搜出炸药，暗杀计划因此流产，卡斯特罗再一次幸运地化险为夷。在众多暗杀手段不能奏效的情况下，美国中情局使出了看家本领，决定派遣风情万种的绝色美女特工执行暗杀卡斯特罗的秘密计划。然而，令美国中情局始料不及的是，这一次本来天衣无缝的秘密暗杀计划，却因为卡斯特罗的英俊潇洒和铁腕柔情竟然躲过了美女杀手暗杀的劫难，这虽然让美国中情局陷入十分难堪的境地，但是却为卡斯特罗的传奇人生增添了一抹玫瑰色彩。

· 第二部分 ·
中国政治家的故事

管 仲

> 九合诸侯,一匡天下,管仲之谋。

管仲(约公元前723年—公元前645年),姬姓,管氏,名夷吾,字仲,谥敬,春秋时期法家代表人物,河南颍上人,周穆王的后代。是中国古代著名的政治家、经济学家、哲学家、军事家。被誉为"法家先驱""圣人之师""华夏文明的保护者""华夏第一相"。

管仲少时丧父,老母在堂,生活贫苦,不得不过早地挑起家庭重担,为维持生计,与鲍叔牙合伙经商,后从军,到齐国几经曲折,经鲍叔牙力荐,管仲终于成了齐国上卿即丞相,被誉为"春秋第一相",辅佐齐桓公成为春秋时期的第一霸主。管仲的一生极富传奇性,尤其是他和鲍叔牙的故事,历来为人津津乐道。

管仲和鲍叔牙是一起长大的朋友,但管仲家比较穷,鲍叔牙家比较富有。为维持生计,管仲曾和鲍叔牙合伙经商,管仲出很少的本钱,分红的时候却拿很多钱。对此人们背地议论说,管仲贪财,不讲友谊。鲍叔牙总替管仲解释,说管仲不是不讲友谊,是由于他家贫困。不过他们的生意好像并不很成功,于是管仲开始求官，先后谋得了三个小官差，可时间不长又被罢免。很多人耻笑管仲窝囊没有才能，但鲍叔牙却认为是管仲没有碰到赏识他的人。

再后来两人一起参军报国，可是打仗的时候管仲总是躲在鲍叔牙的身后，甚至三次临阵脱逃。人们讥笑他，说管仲贪生怕死，鲍叔牙却说管仲不是怕死，因为他家有年迈的母亲，全靠他一人供养，所以他不得不那样做。管仲也觉得有点过意不去，多次想为鲍叔牙办些好事，不过每次都事与愿违，忙没帮成，反而给鲍叔牙添了不少乱，免不了又被人讥笑一番。鲍叔牙却不这样看，他认为事情之所以没有办成，只是由于机会没有成熟罢了。不过机会总是留给有准备的人的，由于管仲勤奋好学，逐渐受到齐僖公的赏识，在仕途上开始慢慢高升，他后来成了齐国公子纠的老师，与此同时，鲍叔牙也被委任为公子小白的老师。一对好友，给两个公子当老师，一时传为美谈。公元前674年，齐僖公驾崩后，太子诸儿即位，史称齐襄公。齐襄公昏庸好色，和他的亲妹妹、鲁桓公的夫人文姜私通，并在醉酒后杀了鲁桓公。具有政治远见的管仲和鲍叔牙都预感到时局可能对他们的主子不利，所以他们都替自己的主子想方设法找出路。管仲保护公子纠逃到纠的姥姥家鲁国去躲避，鲍叔牙则同公子小白跑到齐国的南邻莒国去躲避，以图静观时变，伺机而动。

齐襄公十二年（公元前686年），齐国爆发内乱，公孙无知杀死齐襄公自立，公孙无知仅在位一年有余也被杀，一时齐国无君，一片混乱。两个逃亡在外的公子，一见时机成熟，都急忙设法回国，以便夺取国君的宝座。公子小白和鲍叔牙向莒国借了兵车，日夜兼程往回赶。鲁庄公也立即派兵护送公子纠回国。为了防止公子小白抢先，管仲决定率30人抄小道截击公子小白，当路遇公子小白的大队车马，管仲弯弓搭箭，只听嗖啷一声，小白应声倒下。管仲以为公子小白已被他射死，就率领人马回去。其实公子小白没有死,管仲一箭射中他的铜制衣带钩,公子小白急中生智装死倒下。经此一惊,公子小白与鲍叔牙更加警惕,飞速向齐国挺进,终于在公子纠之前来到国都临淄,并顺利地登上君位,这就是历史上有名的齐桓公。

齐桓公即位后,急需找到有才干的人来辅佐,他首先想到了劳苦功高的鲍叔牙,想拜鲍叔牙为相。没想到鲍叔牙却坚决推辞,反而举荐管仲为相。齐桓公道:"管仲差点把我射死,你不知道他是我的仇人吗?"鲍叔牙回答道:"客观地说,管仲是天下奇才。他英明盖世,才能超众。管仲射国君,是因为公子纠命令他干的,现在如果赦免其罪而委以重任,他一定会像忠于公子纠一样为齐国效忠。"

经过鲍叔牙一番苦口婆心的劝告,齐桓公终于点头,给鲁庄公写了封信,叫鲁国杀公子纠,交出管仲,否则齐军将全面进攻鲁国。鲁庄公只好乖乖地把管仲押上囚车送往齐国。管仲一路恐慌,到了齐国边境,鲍叔牙前来迎接。鲍叔牙马上下命令打开囚车,去掉刑具,又让管仲洗浴更衣,表示希望他能辅助齐桓公治理国家。管仲对鲍叔牙说:"我侍奉公子纠,既没有辅佐他登上君位,又没有为他死节尽忠,实在惭愧。现在又去侍奉仇人,那该让天下人多么耻笑呀!"鲍叔牙说:"你是个明白人,怎么倒说起糊涂话来。做大事的人,常常不拘小节;立大功的人,往往不需他人谅解。你有治国的奇才,桓公有做霸主的远大志向,如你能辅佐他,日后必功高天下,德扬四海。"

齐桓公选了个日子,亲自把管仲接到宫里,管仲就向齐桓公谈起了自己的治国政策。管仲讲得头头是道,齐桓公听得津津有味,两人连续谈了三天三夜,齐桓公十分高兴,拜管仲为相,主持政事,为表示对管仲的尊崇,还称管仲为仲父。历经磨难的管仲终于有机会施展其旷世才华。

管仲十分重视经济建设。"仓廪实则知礼节,衣食足则知荣辱"就是管仲的观点。管仲强调制定法律政策，必须适应民众好财争利的习性，给之于民就是取之于民，法律不是制裁的工具，而是利用民力、争取民心的工具。管仲废除井田制，建立土地税收制度，允许土地买卖，承认土地私有化，根据土地的好坏不同，来征收多少不等的赋税，提高了人民的生产积极性。鼓励农桑和鱼盐业，设"轻重九府"，观察年景丰歉，人民的需求，来收放粮食和物品。

管仲的一生受鲍叔牙帮助最多，二人也最要好，管仲说："生我者父母，知我者鲍子也。"以致后来有了"管鲍之交"这个成语。唐代杜甫的《贫交行》里就有这个典故："君不见管鲍贫时交，只道今人弃如土。"管仲不仅重视法律的作用，也重视道德教化的作用，这使得后世的法家和儒家都视管仲为先贤。孔子曾称赞管仲说"微管仲，吾其被发左衽矣。"

管仲在治理国家上的突出成就一是依法治国，二是文化治国。

依法治国。管仲在治国时十分重视法律的作用，认为"凡君国之重器，莫重于令"。管仲的思想甚至有"罪刑法定"的萌芽。罪刑法定原则目前被推崇备至，位列刑法三大原则之一。管仲在两千年前给罪刑法定原则做出了中国特色的表述，"法律没有正式公布，就给予惩罚，那是君主的错罚；君主错罚，人民就会轻视生命，这样暴徒就会兴起作乱。法律公布，就要依法行罚，不依法行罚，人民就会轻视法律，政治强人就会兴起威胁王位。"与现代"罪刑法定"理论为基础不同，管仲的"罪刑法定"是从维护君权出发的，就像他们主张"事断于法"是为了维护君主的权威，这也是整个中国法律传统文化的一个特色，不过春秋时期能有此高论已属难得。

管仲通过健全法制来促进社会经济的发展，增强国家实力。实行"陆阜陵墁，井田畴均"的授田制度。即在陆、阜、陵三类土地广布田界和道路,并将它们平均划分为小块。这样做的目的。是为对作为被剥削者的"民"实行授田做准备。西周时期,剥削阶层针对被剥削者整体进行剥削,而不是针对个人。被剥削者作为一个整体,最小以"族"和"邑"为单位。因此,国家作为剥削者只需要关注到"族"和"邑"的部分土地,而"族"和"邑"的其他土地及其收益分配,国家不得干预,由这些集团内部调节。管仲的授田制度,是要改变西周的做法,让国家可以干预所有土地,同时平衡"田均"与民"不惑"。

实行改劳役剥削为实物剥削的新税制。在确立田地"均分"和被剥削者范围之后,管仲又下令将税赋形式由劳役改为实物,数量由土地的肥瘠程度来决定。这一变化是中国历史上第一次将剥削依据从人丁向土地转移,从而将被剥削者与国家所授之田牢牢捆绑在一起。管仲废止"族""邑"等集体无偿耕种的劳役式税制,依据耕地面积及其土质好坏实施等级不同的实物税征收,这是奴隶制下剥削制度向封建地税制度演化的重大变革。管仲将原来的"公田"改为"份地",将集体农耕改成个体农业,同时按地征实物税且税额比较固定,这样农民深切意识到农业产量的多寡直接影响家庭收入,因而极大地提高了农民种地的积极性,齐国因此粮草殷实、百姓逐渐富足起来。

实行本末并重、多种经营的农商政策。重农抑商历来是中国古代传统的经济政策。春秋时期的统治阶层延续了过去的做法,往往誉农为本、斥商为末。在统治者看来,被束缚于土地的农民更为朴素、保守和听话,是最稳定的阶层,不易对统治者的政权产生颠覆意识和行为,而工商业者则不然,他们为求利而易思变,所以春秋时期的工商业者经常遭歧视和打击。但管仲认为工商业者和农民一样,都是对社会有用的阶层。齐国需要发展工商业,因为"无市则民乏""末业生财"。在具体做法上,管仲主张提高农民手中富余农产品的价格,增加粮食在商市中的流动性,同时大兴渔业、盐业、麻业、林木业等农商经济。为了与商业的发展相适应，管仲还对货币政策进行改革，设立九个部门负责掌管齐国货币铸造和发行，这九个部门被称为"轻重九府"。

实行宽松开放的贸易政策。管仲在积极推动齐国国内农商发展的同时，还主张齐国应与其他诸侯国开展贸易往来、互通有无。因而他采取了在所有春秋诸侯国中最为宽松和开放的贸易政策。具体而言：一是国家对商品交易和流通不予征税，而只收取少量管理费用；二是优待从其他诸侯国前来齐国进行贸易往来的客商，为他们提供驿站、食物和其他生活设施；三是开设手工业产品、渔产品和盐产品的专门交易场所，为境外客商采购提供便利；四是灵活运用价格策略，外贸定价以境外价格为依据拟定，也就是说，对于鼓励出口的商品如鱼、盐、木等价格应低于其他诸侯国同类商品价格，对于鼓励进口的商品如粮食价格应高于其他诸侯国的粮价。管仲的上述贸易政策，一方面，使齐国囤积了大量粮草、金属等战略物资和稀缺物资；另一方面，把齐国盛产的商品倾销到他国，使他国形成对齐国的贸易依赖。

文化治国。管仲强调发展经济的基础性作用，把富国和富民有机地结合起来，作为其文化治国思想的物质基础。其文化治国的战略思想主要包括三方面的内容：一是通过继承周文化，从而进入文化主流；二是通过吸纳周边文化，从而促进文化在齐地的融合；在前两者基础上塑造独具魅力的齐文化，成就文化大国的理想，从而构成对经济和政治的强力支撑。管仲的文化治国思想对于我们今天的社会主义建设也有着重要的启示，它告诉我们文化的基础在民众，文化的重塑要体现兼容和开放的精神。

商 鞅

| 战国时期杰出的政治家，变法图强的改革家、思想家。

商鞅（约公元前 395 年—公元前 338 年），战国时期的政治家、改革家、思想家，法家代表人物，卫国人。他是卫国国君的后裔，姬姓，公孙氏，故又称"卫鞅""公孙鞅"。后因在河西之战中立功获封商于十五邑，号为"商君"，故称之为"商鞅"。毛泽东对商鞅评价很高，说商鞅是"首屈一指的利国富民的伟大政治家，是一个具有宗教徒般笃诚和热情的理想主义者"。

秦孝公认为只有通过变法运动，才能使秦国变得更加强大，于是在秦国广纳贤才，希望能寻觅一位变法人士。商鞅来到秦国后，得到秦孝公的器重和支持，在秦孝公的推动下，商鞅开始了大规模的变法运动。商鞅变法并没有很快得到实施，秦孝公刚成为秦国的新一任国君，他怕变法会遭到守旧派的反对。果然不出意料，商鞅变法伊始就遭到了以甘龙和杜挚为首的保守党派的反对，商鞅为坚持变法和他们展开了一场论战，这就是著名的商鞅舌战群儒的故事。

甘龙等人认为轻易变法会引起社会的动荡和不安，秦孝公本来刚登上皇位，政权不够稳固，如果此时让商鞅主持变法，可能会引起社会的动荡。针对这个问题，商鞅认为，国家的制度不是一成不变的，要根据时代发展实行不同的适合国家国情的制度，只有这样，才能推动国家的发展。商鞅还列举了大量的例子，比如周朝的灭亡、夏朝的灭亡，都是因为国家制度跟不上社会进步，人民才抛弃了它。对于秦国而言，变法是唯一路径。

甘龙等保守党派还认为变法要顺应时间，如果秦国一意孤行实行变法，物极必反。商鞅反驳道，秦国此时要想走上富强之路，必须要实行变法。纵观魏国李悝和楚国吴起俩人的变法，都对秦国有借鉴意义。在商鞅的坚持下，秦孝公坚定了变法的信心和决心，于是秦国开始变法。

商鞅变法初期起草了一个改革的法令，但是担心老百姓不信任他，不按照新法令去做。他就先叫人在都城的南门竖了一根三丈高的木头，通告天下说："谁能把这根木头扛到北门去的，就赏十两金子。"不一会，南门口围了一大堆人，大家议论纷纷。有的说："这根木头谁都拿得动，哪儿用得着十两赏金？"有的说："这大概是左庶长成心开玩笑吧。"大伙儿你瞧我，我瞧你，就是没有一个敢上去扛木头的。商鞅知道老百姓还不相信他下的命令，就把赏金提到五十两。哪料赏金越高，看热闹的人越觉得不近情理，仍旧没人敢去扛。正在大伙儿议论纷纷的时候，人群中有一个人跑出来，说："我来试试。"他说着，真的把木头扛起来就走，一直搬到北门。商鞅立刻派人传出话来，赏给扛木头的人五十两黄澄澄的金子，一分也不少。

人们沸腾了，纷纷奔走相告。第二天，人们又跑到城门口去看看有没有木头，大家没发现木头，却看到了变法的新法令。这次，人们都深信不疑，认为政府真是下决心要进行大刀阔斧的改革了。

一是废除礼治、推行法治。奴隶制的"礼治"，其实就是规定奴隶主和奴隶的"尊卑"上下关系。奴隶主是统治奴隶的，奴隶主们的意志就是法律,他们可以随心所欲地压迫和剥削奴隶,甚至加以屠杀;奴隶只能绝对服从,不许反抗。这就是所谓"礼治"。商鞅变法明确废除礼治,推行法治。他主张在法律面前人人平等,任何人在法律面前没有特权,包括王室宗亲,不赦不宥,凡是有罪者皆应受罚。同时,商鞅还废除了腐朽的世袭制度,唯才是举,所有政府官员由中央政府统一选拔任免,个人爵位也完全由他对这个国家的贡献所决定,与出身不再有丝毫关系。王室宗亲没有任何特权,没有军功的也与爵位没有丝毫关系,和平民百姓一样。这一思想与现代法律体系的基本原则是一致的。

二是废除领主、推行郡县制。商周奴隶社会国家其实是一种部落联盟式的松散国家组织,几十个部族联合聚集在一起组成了一个国家联盟,中央对各部族内部事务没有太多的干涉权力,只不过周天子每年接受这些邦国的进贡。在行政上,大的叫邦国制度,小的叫领主制度。奴隶社会一个县几百里地都是一个奴隶主的私有财产。商鞅将秦国奴隶主的自治封地一律取缔,设郡县两级行政机构,由中央政府直接管理,大大加强了中央政府对地方的控制力,剥夺了奴隶主对地方政权的垄断权,多次防止了国家的分裂。

中华民族经历几千年腥风血雨,改朝换代、外族入侵,始终能够保持这么宽广的领土,每次至少也能恢复到秦国时期的领土范围,皆是商鞅郡县制度的功劳。因为郡县制度下的各县之间、各郡之间人民交流增多,感情增厚,有文化认同感和民族认同感。现在世界各国不管社会主义国家还是资本主义国家,不管君主立宪制还是联邦共和制,国家行政制度都是郡县制度,可见商鞅改革后秦国的国家行政制度已经具有现代文明国家的雏形。

三是改革税制。奴隶社会的赋税制度是小贵族向大贵族进贡,大贵族向国君进贡,国君向天子进贡,奴隶就是最底层被残忍压迫、剥削的对象。商鞅抛弃了这种贡物无定数的旧税制,改革为农业按田亩纳税、手工业按作坊纳税、商业按交易纳税的新赋税制度。这种赋税制度直到两千多年后的今天,世界各国政府还在采用,可见商鞅改革后秦国的赋税制度已经接近了现代文明国家的水平。农民力耕致富并多缴粮税者,可获国家爵位。这项措施真正地激发了农民勤劳耕耘的积极性,秦国农民争先恐后的多种地、多交粮。在那个时代,农业是最重要的行业,国民的温饱一般都很难保证,商鞅此法导致秦国与六国相比农业高度发达,农民富裕,国家粮饷充裕,真正做到了民富国强。

四是改革军功奖励制度。凡战阵斩首者,以斩获首级数目赐爵。宗室、贵戚凡是没有军功的,和平民百姓一样,不得列入宗室的属籍,不能享受贵族特权。任何人要想获得较高的社会地位,只有一种途径,就是看你对国家对人民的贡献,这抛弃了奴隶社会以出身论英雄的价值观。秦国是全秦国人民的秦国,不是国君嬴氏一家的秦国。这项制度使秦国人皆以从军杀敌、保国护民为荣耀,举国皆兵,士卒奋勇,以致秦国军队可以以一敌六。

五是改革度量衡。商鞅主张统一秦国的长度单位、重量单位、容积单位,由政府制作标准统一校正民间的尺、秤、升,杜绝商贾与奸恶官吏对老百姓的盘剥。有效地促进了工商业社会经济的发展,保证了社会的公平,使秦国工商业迅速发展而雄踞六国。

商鞅通过变法使秦国成为富裕强大的国家,史称"商鞅变法"。但商鞅变法触犯了旧贵族的利益。秦孝公去世后,旧贵族挑拨秦惠王以谋反罪逮捕商鞅。商鞅被处以车裂之刑。

商鞅的思想在商鞅死后经过发展逐渐形成一门学派,名为商学派。商学派经过建立、开拓、发展、定型四个阶段,逐渐成为主宰秦国乃至秦朝的思想主流。

诸葛亮

> "鞠躬尽瘁、死而后已",中国传统文化中忠臣与智者的代表人物。

诸葛亮(181年—234年),字孔明,号卧龙,三国时期蜀国丞相,杰出的政治家、军事家、外交家、文学家、书法家、发明家。散文代表作有《出师表》《诫子书》等。

诸葛亮出身于琅琊郡阳都县的一个官吏家庭。诸葛氏是琅琊的望族,先祖诸葛丰曾在西汉元帝时期做过司隶校尉,诸葛亮的父亲诸葛珪在东汉末年做过泰山郡丞。诸葛亮3岁的时候母亲因病去世,8岁的时候又丧父,与弟弟诸葛均一起跟随叔父豫章太守诸葛玄到豫章(今江西南昌)赴任。建安二年(197年),诸葛玄去世,诸葛亮就在隆中(位于今河南南阳,一说今湖北襄阳)隐居,平日喜欢吟诵《梁甫吟》,又常以管仲、乐毅自比,狂妄的态度让人对他不屑一顾,只有徐庶、崔州平等好友才相信他的才干。

建安六年(201年),刘备被曹操打败,投奔荆州刘表,同时积极联络当地豪杰。当时,刘备屯兵于新野(位于今河南南阳)。后来司马徽与刘备会面时，表示："那些儒生都是见识浅陋的人，岂了解当世的事务局势？能了解当世的事务局势才是俊杰。此时只有卧龙（诸葛亮）、凤雏（庞统）。"诸葛亮又受徐庶推荐，刘备希望徐庶带诸葛亮来见他，但徐庶却说："这人可以去见，不可以令他屈就到此。将军宜屈尊以相访。"

刘备便亲自前往拜访，去了三次才见到诸葛亮。与诸葛亮相见后，请教道："现今汉室衰败，奸臣假借皇命做事，皇上失去大权。我没有衡量自己的德行与能力，想以大义重振天下，但自己

的智慧谋略不够，所以时常失败，直至今日。不过我志向仍未平抑，先生有没有计谋可以帮助我？"诸葛亮于是向他陈说了三分天下的布局。诸葛亮分析道："自董卓擅政以来，各地豪杰并起，占据州、郡的数不胜数。曹操与袁绍相比，声望少之又少，然而曹操最终之所以能打败袁绍，以弱胜强的原因，不仅依靠天时，而且也是人的谋划得当。现在曹操已拥有百万大军，挟天子以令诸侯，这确实不能与他争强。孙权占据江东，已经历三世，地势险要，民众归附，又任用了有才能的人，只可以把他作为外援，但是不可谋取他。荆州北靠汉水、沔水，一直到南海的物资都能得到，东面和吴郡、会稽郡相连，西边和巴郡、蜀郡相通，这是大家都要争夺的地方，但是它的主人却没有能力守住它。益州地势险要，有广阔肥沃的土地，自然条件优越，高祖凭借此建立了帝业。刘璋昏庸懦弱，张鲁在北面占据汉中，人民殷实富裕，物产丰富，而刘璋却不知道爱惜，有才能的人都渴望辅佐贤明的君主。将军是汉室宗亲，而且声望很高，闻名天下，广泛地罗致英雄，思慕贤才，如饥似渴，如果能占据荆、益两州，守住险要的

地方,和西边的各民族和好,再安抚好南边的少数民族,对外联合孙权,对内革新政治;一旦天下形势发生了变化,就派一员上将率领荆州的军队直指中原一带,将军您亲自率领益州的军队从秦川出击,老百姓谁敢不用竹篮盛着饭食,用壶装着美酒来欢迎将军您呢?如果真能这样,那么称霸的事业就可以成功,汉室天下就可以复兴了。"这就是有名的《隆中对》。诸葛亮所提出的《隆中对》其实就是此后数十年刘备和蜀汉的基本国策,当时诸葛亮年仅27岁。

刘备听了诸葛亮这番话后茅塞顿开,赞赏不已,恳请诸葛亮出山相助。诸葛亮于是出山入幕。刘备常常和他讨论,关系也日渐亲密。关羽、张飞等大感不悦,刘备向他们解释道:"我有了孔明,就像鱼得到水般,希望诸位不要再说什么了。"

经过多年征战,蜀章武元年(221年),诸葛亮辅佐刘备在成都建立蜀汉政权,自己已被任命为丞相,主持朝政。章武三年(223年)二月,刘备病重,召诸葛亮到永安,托付后事,刘备对诸葛亮说:"你的才能是曹丕的十倍,必定能够安顿国家,终可成就大事。如果嗣子(刘禅)可以辅助,便辅助他;如果他没有才干,你可以自行取度。"诸葛亮涕泣地说:"臣必定竭尽股肱的力量,报效忠贞的节气,直到死为止!"刘备又要刘禅视诸葛亮为父。四月,刘备逝世,刘禅继位,封诸葛亮为武乡侯,开设官府办公。不久,再领益州牧,政事上的大小事务,刘禅都依赖于诸葛亮,由诸葛亮决定。南中地区因刘备逝世而乘机叛乱,诸葛亮因国家刚刚逝去君主,就先不发兵,而派邓芝及陈震赴东吴修好。

蜀建兴三年(225年)春天,诸葛亮亲自率领大军南征,临行前刘禅赐诸葛亮金钺一具,曲盖一个,前后羽葆鼓吹各一部,虎贲六十人。后诸葛亮深入不毛之地讨伐雍闿、孟获,诸葛亮采取参军马谡的建议,以攻心为主,先打败雍闿军,再七擒七纵孟获，至秋天平定所有乱事，十二月班师成都。蜀汉在南中安定并获得大量的资源，并且组建了无当飞军这支劲旅。经过长期积累，奠定了北伐的基础。

诸葛亮前后六次北伐中原，皆因粮尽无功。终因积劳成疾，于蜀建兴十二年（234年）病逝于五丈原，享年54岁。刘禅追封诸葛亮为忠武侯，后世常以"武侯"尊称。

作为一位出色的政治家，诸葛亮深知"屋漏在下，止之在上，上漏不止，下不可居也"的道理，他不仅带头实施廉政，树起一面旗帜，同时还把廉政作为一项重要的政治、法律建设来抓，对蜀汉政治、经济、军事、文化的方方面面，都产生了重大影响。诸葛亮时期的廉政建设，首先表现在对蜀汉宫城规模和惠陵规模的严格控制上。在诸葛亮执政时期，年轻的后主，常常想多选几个美人到后宫，当时负责宫中事务的官员认为古者天子后妃之数不过十二，现在嫔嫱的数目已满，不该再增加，后主不听，执意要按自己的想法办，但诸葛亮支持主事官员，后主也就没有办法了。诸葛亮在蜀汉上层营造出廉政奉公的政治氛围，蜀国大小官员以诸葛亮为榜样，为官节俭，力戒奢华，保持了整整一个时代廉政时洁。

诸葛亮立法公开、执法公平，在同时代独树一帜。蜀章武元年（221年），刘备在成都称帝建立蜀汉政权，而益州旧为刘璋所统治，所以法令废弛，地方派系坐大自强，刘备统治集团的强力介入破坏了相当一部分人称霸西南的企图，这种情况下，蜀汉政权作为客籍政权面对来自益州旧势力的阻挠。诸葛亮认为这不是苛法峻刑所造成的民怨，而是由于蜀汉地区律令长期废弛，导致官民混乱君臣无道，紊乱了"纲纪"。他说"三纲不正，六纪不理，则大乱生矣"。"三纲"是指君为臣纲，父为子纲，夫为妻纲。"六纪"是指诸父有善，诸舅有义，族人有序，昆弟有亲，师长有尊，朋友有旧。所以只有任法才能改变德政不举、威刑不肃的局面，只有威之以法，才能改变蜀土人士专权自大，不守君臣之道的态势。与儒家"崇礼"治世的观点不同，诸葛亮认为国家的治乱兴衰的根源在乎"法"，因此，诸葛亮一再告诫、反复强调法在治理国家过程中的重要性"夫一人之身，百万之众，束肩敛息，重足俯听，莫敢仰视者，法制使然也"。不仅如此，诸葛亮还进一步从反面强调了不以法治国的严重后果"若乃上无刑罚，下无礼义，虽有天下，富有四海，而不能自免者，莱纷之类也。夫以匹夫之刑令以赏罚，而人不能逆其命者，孙武、攘苴之类也。故令不可轻，势不可通"。

诸葛亮治军严明包括正反两个方面的内容。一方面，提出明确的道德要求。如《将苑·谨候》一文就集中表述了这方面的内容。诸葛亮认为师出以律，失律则凶，律有十五，其中明白地指出要"勇""廉""平""忍""宽""信""敬""明""仁""忠"等有关道德方面的要求。《将苑·将材》一文中要求将帅要具备"仁""义""礼""智""信"的才能。《便宜十六策·阴察第十六》一文中说阴察之政要有五德："禁暴止兵""赏贤罚罪""安仁和众""保大定功""丰挠拒谀"。另一方面，规定了严格的法令。如诸葛亮亲著的《法检》两卷、《军令》两卷（现存仅为《军令》十五条），制定的《八务》《七戒》《六恐》《五惧》等条规。《便宜十六策·斩断第十四》一文详述了对不听从教令的"轻""慢""盗""欺""背""乱""误"七种情形的严肃处理。

诸葛亮的军事能力也得到了历代兵家较高的认可。司马懿在诸葛亮死后，看到诸葛亮的营垒，称赞其为"天下奇才"。唐太宗与李靖在《唐太宗李卫公问对》中多次提到诸葛亮的治军之法与八阵图，给予了极高的评价，并且表明陈寿在《三国志》中对诸葛亮的评价是"史官鲜克知兵，不能纪其实迹焉"。唐朝时亦将诸葛亮评选为武庙十哲之一，与张良、韩信、白起等九位历代兵家人物享同等地位。诸葛亮作了诸多军事著述，如《南征》

《北伐》《北出》等，对中国古代军事理论有一定的贡献。诸葛亮在技术发明上亦有出色的表现，如改良连弩。诸葛亮亦推演了兵法，作八阵图。这个阵法直至唐代，将领李靖仍然十分推崇。

　　诸葛亮在汉中休士劝农期间，利用了汉中的经济条件，因地制宜地采取了一系列发展生产的得力措施，使北伐军资基本上就地得到了解决，诸葛亮去世后，蜀军撤退，魏军还在蜀营中"获其图书，粮谷甚众"。这也印证了诸葛亮休士劝农，实行军屯耕战的效果。当地人民生活好了，就可以吸引更多的人口，使地广人稀的汉中重新得到发展，逐步形成人多、粮多的良性循环，使百姓"安其居，乐其业"。经诸葛亮"踵迹增筑"的"山河堰"等水利工程至今还是汉中地区灌溉面积最大的水利工程。

王 猛

> 十六国时期著名的政治家、军事家,在前秦官至丞相、大将军。

王猛(325年—375年),字景略,东晋北海郡剧县人,后移家魏郡。前秦苻坚即位后,王猛任中书侍郎,官至丞相、中书监、尚书令,封清河郡侯。辅佐苻坚扫平群雄,统一北方,被称作"功盖诸葛第一人"。他执政期间,"关陇清晏,百姓丰乐",呈现小康景象。

王猛出身贫寒,为了糊口,小时候曾经以贩卖畚箕为业。在兵荒马乱中,他观察风云变幻;在凄风苦雨中,他手不释卷,刻苦学习,广泛汲取各种知识,特别是军事科学知识。慢慢地,王猛成长为一个英俊魁伟、雄姿勃勃的青年。他为人谨严庄重,深沉刚毅,胸怀大志,

气度非凡。他对琐细之事既不关心,更不屑于与俗人打交道,因而时常遭到浅薄浮华子弟的轻视和耻笑,但王猛却悠然自得,我行我素,隐居华阴山中。

前秦将军苻坚志向远大,久闻王猛的名声,立即派吕婆楼前去恳请王猛出山。双方一见如故,谈及兴废大事,句句投机,苻坚把他比作诸葛亮。东晋升平元年(357年),苻坚自立为大秦

天王，王猛则被任命为中书侍郎。

王猛政绩卓著，36岁时，王猛在一年之中竟然接连五次升官，从尚书左丞到吏部尚书，再升为尚书左仆射、辅国将军、司隶校尉，一时权倾内外。

整顿治安。苻坚初当政时，都城之内豪强纵横，盗劫频发，苻坚令王猛兼领始平令。王猛严明法纪，惩恶扬善。他不怕豪强，以法治罪。光禄大夫强德，是太后的弟弟，他依仗权势，欺压良民，抢掠财富，无恶不作。王猛把他抓起来鞭笞至死，陈尸于闹市，以戒恶人，此后几十天中王猛击杀豪强二十多人，始平地方治安立即好转。

改革吏治。王猛帮助苻坚创立了荐举赏罚制度和官吏考核新标准。其主要内容是：地方官长分科荐举名为孝悌、廉直、文学、政事的人才，上报中央；朝廷对被荐者一一加以考核，合格者分授官职；凡所荐人才名实相符者，则荐举人受赏，否则受罚；凡年禄百石谷米以上的各级官吏，必须"学通一经，才成一艺"，其不通一经一艺者统统罢官为民。荐举赏罚制度和选官新标准的规定，沉重地打击了士族垄断政权的工具——九品中正制，也扭转了十六国以来许多胡族军阀统治者迷信武力、蔑弃文化知识的落后观念，有效地提高了前秦各级官僚的智能素质，"才尽其用、官称其职"的新局面日益形成；社会风气和社会治安也为之一变，贿赂请托、恣意妄举的腐败现象逐渐消灭，而养廉知耻、劝业竞学之风日盛。

兴修学校，发展教育。在他的倡导下，前秦恢复了各级学校。灭燕后，苻坚亲率太子、王侯公卿大夫士之长子祭祀孔子，宣扬儒教。这样，先进的汉族传统文化在北方很快得到复苏和振兴，而官僚后备队伍的培养工作也走上了正规化。

以农为本，兴修水利。奖励农桑，努力发展生产。通过召还流民、徙民入关等途径增加劳动力，并注意节约开支、降低官僚俸禄、减免部分租税，以减轻人民负担。政府还经常推广先进的生产技术，奖励努力种田的农民。前秦立国的物质基础大大增强。

妥善处理民族关系。前秦是氐族建立的国家，氐族又是少数民族中人数较少的。前秦国内存在着氐汉之间的矛盾，也存在着氐与其他少数民族的矛盾。王猛作为汉人而能尽忠于前秦政权，与苻坚名为君臣，形同兄弟，为氐汉两族的团结做出了很好的榜样。前秦废除了胡汉分治之法，确立了"黎元应抚，夷狄应和"的基本国策，诸族杂居，互相融合。有人别有用心地建议苻坚把西北氐族各部尽迁入京城，而将关中各族大户驱逐到边地，王猛劝苻坚将其人处死。边将贾雍所部攻掠匈奴，立被罢官。于是，匈奴、鲜卑、乌桓、羌、羯诸族纷纷归服，有才干者皆被委以要职，"四夷宾服，凑集关中，四方种人，皆奇貌异色"。

王猛不仅在政务上显示出杰出的才能，而且在统兵征战中也表现出卓越的军事才干和大将风范。从东晋太和元年（366年）起，他率军攻东晋荆州、讨伐叛乱的羌旅首领敛歧、出征讨伐前凉的张天锡等，都取得了胜利，后又平定了前秦宗室苻柳、苻双、苻廋、苻武等人的叛乱，扫清了通往中原道路上的障碍。太和四年（369年）九月，王猛又率军救援前燕，与前燕军一起大败北伐的东晋军队。数月后，他又统兵攻伐前燕，为荡平前燕立下了赫赫战功。

前燕灭亡后，苻坚为奖赏王猛，先后任命他为都督、关东六州诸军事、车骑大将军、冀州牧，领兵镇守邺城，并听任他在六州范围内便宜行事，郡守、县令也由他自行选任，只需在事后向吏部通报即可。晋简文帝咸安二年（372年）六月，苻坚让苻融接替镇守邺城，而把王猛调回京师，委任为丞相、中书监、尚书令、太子太傅、司隶校尉，授王猛以一切军国内外大事的裁夺之权。王猛也不负重托，主持朝政，刚明清肃，善恶分明，才尽其用，官称其职，劝课农桑，训练军队，井井有条，气象一新，前秦逐渐呈现国富兵强的新局面。

东晋宁康三年（375年）六月，王猛积劳成疾。苻坚心急如焚，亲自为王猛祈祷，并派侍臣遍祷于名山大川。王猛临终前，语重心长地对苻坚说："晋朝虽然僻处江南，却是华夏正统，目前上下安和。臣死之后，希望陛下千万不可图谋伐晋。鲜卑、西羌等归降贵族终怀二心，是我们的仇敌，迟早要成为祸害，应该铲除他们，以利于国家。"王猛说完了这番肺腑之言，溘然长逝。苻坚三次临棺祭奠痛哭，并对太子苻宏说："看来苍天是不想让朕统一天下，为什么这么快就夺走了朕的景略？"王猛死后，苻坚参照汉朝安葬大司马大将军霍光的规格，隆重安葬了王猛，并追谥他为武侯。前秦国中上下哭声震野，三日不绝。

房玄龄

| 唐初政治家、宰相,凌烟阁二十四功臣之一。

房玄龄(579年—648年),名乔,字玄龄,齐州临淄人。18岁时本州举进士,授羽骑尉。在渭北投秦王李世民后,为李世民出谋划策,典管书记,是李世民的得力谋士之一。武德九年(626年),参与玄武门之变,与杜如晦等五人并功第一。李世民即位后,房玄龄为中书令,负责综理朝政。历任尚书左仆射、司空等职,封梁国公。贞观二十二年(648年),房玄龄病逝,追赠太尉,谥号"文昭"。

隋朝末年,房玄龄已经到了诗文歌赋无所不精、琴棋书画无所不通的地步,可是他偏偏命运不济,两次进长安城科考均名落孙山。第三年朝廷又开科取士,房玄龄便整理行装第三次进都城赶考。他来到都城大兴,就又住在了往年常住的那个悦来客店里。没想到他在科考的前三天竟然接连不断地做了三个奇怪的梦。第一个梦是梦到自己在高墙之上种了许多白菜;第二个梦是梦见他在下大雨的天气里,不但头上戴着斗笠而且手里还打着雨伞;第三个梦最为不可思议,主要是梦到他跟他心爱的表妹脱光了衣服背靠着背地躺在一起睡觉。梦醒后,房玄龄百思不得其解,但知其中必有深意。

第二天他就急急忙忙赶到城中心的叶公府去找当时任司天监副的叶成龙算卦解梦。叶成龙听完房玄龄做梦的经过以后,连连摇头摆手说:"你还是赶快回家吧!你想想,高墙上种菜不是白费劲吗?那戴斗笠打雨伞不是多此一举吗?还有呐,你跟你表妹都脱光了衣服躺在一张床上了,却还背靠着背睡,这明摆着是告诉你——你们俩是根本没戏了吗?"房玄龄一听,立马心灰意冷,回店后就收拾行李准备回家。店老板好奇地问房玄龄道:"你不是明天才考吗?怎么今天就要回去?"

房玄龄如实地把刚刚找叶成龙算卦解梦的经过说了一遍。店老板说:"客官,袁天罡先生就住在你旁边的屋子里,你何不把他请来算一算呢?"这袁天罡相传是当时江湖上摆卦摊算命的祖师爷,最擅长圆梦和测字。他耐心地听完房玄龄讲了一遍关于这三个梦的内容以后,马上乐了:"哈哈哈哈!哟!你这梦做得多好哇!我觉得你这次赶考,既来了就不能走,一定要留下来。你想想,墙上种菜不是高中(种)吗?戴斗笠打伞不是告诉你这次有备无患吗?跟你表妹脱光了衣服背靠背地躺在床上,不是说明你翻身的机会就要到了吗?你只要一翻身,那大事不就成了吗?"

房玄龄一听,恍然大悟,于是他精神振奋地参加了这次科举考试,最后竟然高中进士。从此以后,房玄龄不仅为大隋朝廷做了不少好事,继之他还帮唐太宗李世民治理天下,在盛唐史上立下了不朽的功勋,时至今日他仍被人们传颂,流芳后世。

唐高祖李渊、太宗李世民起兵前久居晋阳,"醋"也成为唐宫必不可少的调味品,且因皇上喜吃,皇宫储存极多。据说,唐太宗年间,宰相房玄龄惧内是出了名的。其妻虽然霸道,但对房玄龄衣食住行十分精心,从来都是一手料理,容不得别人插手。

有一天,唐太宗请开国元勋赴御宴,酒足饭饱之际,房玄龄经不得同僚的挑逗，吹了几句不怕老婆的牛皮，已有几分酒意的唐太宗乘着酒兴，便赐给房玄龄两个美人。房玄龄不料酒后吹牛被皇上当了真，只好奉旨收了两位美人，但转念想到霸道且精心的妻子，就愁得不知怎么办才好。还是尉迟敬德给他打了气，说老婆再凶，也不敢把皇上赐的美人怎么样。房玄龄这才小心翼翼地将两个美人领回家。不料，房玄龄的老婆却不管皇上不皇上，一见房玄龄带回两个年轻、漂亮的小妾，大发雷霆，指着房玄龄大吵大骂，并操起鸡毛掸子大打出手，赶两个"美人"出府。房玄龄见不对头，只好将美人送出府。此事马上便被唐太宗等知道了。李世民想压一压宰相夫人的横气，便立即召宰相房玄龄和夫人问罪。房玄龄夫人也知此祸不小，硬着头皮地跟随房玄龄来见唐太宗。唐太宗见他们来到，指着两位美女和一坛"毒酒"说："我也不追究你违旨之罪，这里有两条路任你选择，一条是领回二位美女，和和美美过日子；另一条是喝了这坛'毒酒'省得妒忌旁人了。"房玄龄知夫人性烈，怕夫人喝"毒酒"，急跪地求情。李世民怒道："汝身为当朝宰相，违旨抗命，还敢多言！"房夫人见事已至此，看了看二女容颜，知自己年老色衰，一旦这二女进府，自己迟早要走违旨抗命这条路，与其受气而死，不如喝了这坛"毒酒"痛快。尚未待唐太宗再催，房夫人举起坛子，"咕咕咚咚"地已将一坛"毒酒"喝光。房玄龄急得老泪纵横，抱着夫人抽泣，众臣子却一起大笑，原来那坛子里装的并非毒酒而是晋阳清徐的食醋，根本无毒。唐太宗见房夫人这样的脾气，叹了口气道："房夫人，莫怨朕用这法子逼你，你妒心也太大了。不过念你宁死也恋着丈夫，朕收回成命。"房夫人料不到自己冒死喝"毒酒"得了这么个结果，虽酸得伸头抖肘，但心中高兴万分。房玄龄也破涕为笑。从此，"吃醋"这个词便成了女人间妒忌的代名词。

房玄龄自入唐以来即隶于太宗麾下，贞观前帮助唐太宗建立唐王朝，参与策划了"玄武门之变"；为相以后，夙夜尽心，兢兢业业于吏事。太宗曾批评他"阅牒讼日数百"，事无巨细亲力亲为，不利于网罗人才，褚遂良也称"为臣之勤，玄龄为最"。他是成就贞观之治的重要人臣之一。

贞观初年，天下刚定，各项制度、建设均赖房（玄龄）杜（如晦）而定，"天下新定，台阁制度，宪物容典，率二人讨裁""使号令典刑粲然罔不完，虽数百年犹蒙其功"。为进一步加强和巩固唐王朝的统治，唐太宗命房玄龄、长孙无忌与学士、法官一起，重新商议修订法律。房玄龄等根据唐太宗的旨意修订成唐代法律《贞观律》。《贞观律》共四个部分，即律、令、格、式。"律以正刑定罪"，就是刑事法典。其中"定律五百条，分为十二卷"。与前代相比，房玄龄等制定的《贞观律》在量刑定罪上大为减轻。后世王朝常以此为基础。

房玄龄为宰相监修国史，开官修史书先河。在他的组织下，共主编六部史书，占二十四正史的四分之一，为他朝所不及。总的看来，六部史书尚属秉笔直书，对人们了解晋隋这一混乱时期有一定参考价值。

房玄龄为官从来不以功臣自居。对唐太宗，他始终恭谨有加，处处小心谨慎，时时如履薄冰。处事稍有不当，或皇上脸色不好，即叩头请罪。对同僚，他则十分宽厚，特别是听说别人做了什么好事，他就会高兴得如同是自己做的一样。对人，他从不求全责备，更不以己之长去量别人之短。正因为房玄龄作为百官之长，能宽厚待人，贞观年间的唐王朝，才有可能罗致了当时天下的精英。这些精英们在房玄龄这位"班长"的带领下，各尽所能，齐心协力效忠唐太宗。

有一次在一次李世民钦赐的宴会上，李世民对王珪说：你是善于劝谏别人的。今天，你就为我评价评价房玄龄等大臣，也把你自己和他们作一个比较如何？王珪就逐一评价道："一心一意为国家效力,凡是知道了的事就没有不去干的,我不如房玄龄;能文能武,既可带兵打仗又可治理国家,我不如李靖;了解各地情况并能详细汇报,处事公平,我不如温彦博;担心自己的君主不如尧舜那么英明,以敢于向皇上说实话为己任,我不如魏徵;而能辨别是非,敢于抨击坏人褒扬好人,那就是我的一点长处了。"李世民充分肯定了王珪的评价。李世民首肯了对房玄龄"孜孜奉国,知无不为"的评价,可见房玄龄为贞观之治付出了多少心血。

魏 徵

| 政治家、思想家、文学家和史学家。

魏徵（580年—643年），字玄成，祖籍巨鹿郡下曲阳县（现晋州市）。隋唐政治家、思想家、文学家和史学家，"一代名相"。著有《隋书》序论，《梁书》《陈书》《齐书》的总论等。其中最著名并流传下来的是谏表——《谏太宗十思疏》。

魏徵以性格刚直、才识超卓、敢于犯颜直谏著称。

大业十三年（617年），魏徵在武阳郡丞元宝藏帐下为官。元宝藏起兵响应瓦岗李密，元宝藏给李密的奏疏都是魏徵所写，李密见魏徵非常有文采，于是召见魏徵，魏徵献上壮大瓦岗的十条计策，但李密不采用。大业十四年（618年），王世充袭击仓城被李密击败，王世充转攻洛口，又被李密击败。魏徵却对长史郑颋说："李密虽然多次取得胜利，但是兵将也死伤了不少，瓦岗又没有府库，将士们取得战功得不到赏赐。还不如深沟高垒，占据险要，与敌人相持，待到敌人粮尽而退时，率军追击，这才是取胜之道。洛阳没有了粮食，王世充无计可施就会与我军决战,这时我们却不跟他交锋。"郑颋对魏徵的话不以为然,说这是老生常谈。魏徵说了一句"这是奇谋深策,怎么是老生常谈呢",而后拂袖离去。

武德二年(619年),李密被王世充击败,魏徵随李密归降李唐。而李密部将李勣尚且占据着李密原来管辖的领土,东到大海,南到长江,西到汝州,北到魏郡。李密投降李唐,李勣自己占据这么大的地方不知何去何从。魏徵毛遂自荐,请求安抚山东,到黎阳,魏徵作书与李勣,劝李勣投降。李勣于是派遣使者至长安,将献城的功劳都归给李密,然后押运粮草到李神通那里。

同年九月,窦建德率军攻打相州,李神通抵挡不住,率军转驻黎阳,被窦建德击败。魏徵及李神通、李勣都被俘虏。窦建德用魏徵为起居舍人。武德四年(621年),李世民率军攻打王世充,窦建德率军来支援王世充。五月,李世民击败窦建德,并将其生擒。魏徵得以再次入唐。太子李建成用魏徵为太子洗马,礼遇甚厚。武德五年(622年),刘黑闼勾结突厥寇犯山东。魏徵见李建成虽然是嫡长子,但是功绩不如李世民,于是建议李建成去请战立功。李建成听从魏徵的建议,擒斩刘黑闼,平定山东。

玄武门之变后,有人向秦王李世民告发,东宫有个官员,名叫魏徵,曾经参加过李密和窦建德的起义军,李密和窦建德失败之后,魏徵到了长安,在太子建成手下干过事,还曾经劝说建成杀害李世民。李世民听了,立刻派人把魏徵找来。魏徵见了李世民,李世民板起脸问他说:"你为什么在我们兄弟中挑拨离间?"

大臣们听李世民这样发问,以为是要算魏徵的老账,都替魏徵捏了一把汗。但是魏徵却神态自若,不慌不忙地回答说:"可惜那时候太子没听我的话。要不然,也不会发生这样的事了。"李世民听了,觉得魏徵说话直爽,很有胆识,不但没责怪魏徵,还赦免了魏徵,并起用他为詹事主簿。

有一次，唐太宗问魏徵说："历史上的人君，为什么有的人明智，有的人昏庸？"魏徵说："多听听各方面的意见，就明智；只听单方面的话，就昏庸。"他还举了历史上尧、舜和秦二世、梁武帝、隋炀帝等例子，说："治理天下的人君如果能够采纳下面的意见，这样下情就能上达，他的亲信要想蒙蔽也蒙蔽不了。"

唐太宗连连点头说："你说得多好啊！"又有一天，唐太宗读完隋炀帝的文集，跟左右大臣说："我看隋炀帝这个人，学问渊博，也懂得尧舜好，桀纣不好，为什么干出事来却这么荒唐？"魏徵接口说："一个皇帝光靠聪明渊博不行，还应该虚心倾听臣子的意见。隋炀帝自以为才高，骄傲自信，说的是尧舜的话，干的是桀纣的事，到后来糊里糊涂，就自取灭亡了。"

魏徵早年做过道士，所以道家思想在他的治国方略中占有重要地位，他反复劝谏唐太宗要以无为本，与民休息，这样天下才能清净自定。在他著名的《十渐不克终疏》中，还坚持认为："陛下贞观之初，无为无欲，清静之化，远被遐荒。考之于今，其风渐坠，听言则远超于上圣，论事则未逾于中主。何以言之？汉文、晋武俱非上哲，汉文辞千里之马，晋武焚雉头之裘。今则求骏马于万里，市珍奇于域外，取怪于道路，见轻于戎狄，此其渐不克终一也。"唐太宗自己也曾说："朕夙夜寅畏，缅惟至道……今鼎祚克昌，既凭上德之庆，天下大定，亦赖无为之功。"

魏徵遵循封建儒家正统，强调"明德慎罚""惟刑之恤"。认为治理国家的根本在于德、礼、诚、信：一个明哲的君主，为了移风易俗，不能靠严刑峻法，而在于行仁由义；光凭法律来规范天下人的行为是办不到的。"仁义，理之本也；刑罚，理之末也。"他把治理国家之需要有刑罚，比作驾车的人之需要有马鞭，马匹尽力跑时，马鞭便没有用处；如果人们的行为都合乎仁义，那么刑罚也就没有用了。但法律或刑罚毕竟是不可少的，他认为法律是国家的权衡，时代的准绳，一定要使它起到"定轻重"

"正曲直"的作用。要做到这一点,关键在于执法时"志存公道,人有所犯,一一于法",而决不可"申屈在乎好恶,轻重由乎喜怒",否则便不可能求得"人和讼息"。这一点对君主来说尤其重要,所以在进谏时,他总是特别要求太宗率先严格遵守法制以督责臣下。在听讼理狱方面,他特别强调"必本所犯之事以为主",做到"求实",而不"饰实",严防狱吏舞文弄法,离开事实去严讯旁求,造成冤滥。他自己每奉诏参与尚书省评议疑难案件,都按照这些思想,着眼于大体,公平执法,依情理处断,做到"人人悦服"。

敢言直谏是魏徵的处事风格。魏徵备经丧乱,仕途坎坷,阅历丰富,因而也造就了他的经国治世之才,他对社会问题有着敏锐的洞察力,而且为人耿直不阿,遇事无所屈挠,深为精勤于治的唐太宗所器重。太宗屡次引魏徵进入卧室,"访以得失",魏徵也"喜逢知己之主,思竭其用,知无不言",对于朝政得失,频频上谏。唐太宗曾褒奖他说:"卿所陈谏,前后二百余事,非卿至诚奉国,何能若是?"不久,迁任尚书左丞。贞观三年(629年)即以秘书监参知国政,进封郑国公。魏徵的直言极谏是著名的,当时以"识鉴精通"而闻名的宰相王珪曾高度评价他说:"每以谏诤为心,耻君不及尧、舜,臣不如魏徵。"据《贞观政要》记载统计,魏徵向太宗面陈谏议达五十次,呈送太宗的奏疏十一件,一生的谏诤多达"数十余万言"。其次数之多,言辞之激切,态度之坚定,都是其他大臣所不能及的。

知人善任是魏徵执掌权力的特征。在一次奏疏中,魏徵援引了管仲回答齐桓公在用人问题上妨害霸业的五条,一是不能知人,二是知而不能用,三是用而不能任,四是任而不能信,五是既信而又使小人参之。可以说,知、用、任、信、不使小人参之,基本上概括了魏徵的吏治思想。知人是用人的首要问题。在用人问题上,魏徵特别强调君主的知人。魏徵认为识别人臣的善恶是知人的一个重要内容。贞观六年,太宗与他谈及"为官择人"一事,他回答说:"知人之事,自古为难,故考绩黜陟,察其善恶。今欲求人,必须审访其行。若知其善,然后用之。"魏徵认为在不同的时期,在用人标准上并不是一成不变的。在天下未定之时,一般是"专取其才,不考其行"。天下太平之时,"则非才行兼备不可任也"。他的这一用人思想,是和变化的客观形势相适应的,也是可取的。

"以铜为镜,可以正衣冠;以史为镜,可以知兴替;以人为镜,可以明得失"已成为千古名言。

范仲淹

> 杰出的思想家、政治家、文学家。

范仲淹(989年—1052年),字希文,苏州吴县人。北宋杰出的思想家、政治家、文学家。范仲淹政绩卓著,文学成就突出。他倡导的"先天下之忧而忧,后天下之乐而乐"思想和他奉行的仁人志士节操,对后世影响深远。有《范文正公文集》传世。

范仲淹自幼就失去了父亲,母亲为了母子能生存下去,只得改嫁长山的朱家,范仲淹的姓也改成了朱。范仲淹长大后知道自己亲生父亲姓范,便想恢复自己原来的姓,可是继父不同意,两人为此闹得不可开交。于是,范仲淹便从家里出来,住进了长山醴泉寺的僧房里,开始了刻苦读书的生活。寺庙里的日子是很清苦的,而当时范仲淹正是长身体的时候,饭量又特别大,所以他经常吃饭时端起碗,几口就扒得精光,还没到下一顿时就已经饿得头晕眼花,以至于看书时也无法集中精神。怎么办呢?他想出了办法,每天早晨煮好一锅稀粥,等冷凝结成粥块以后，用刀在上面划个十字，切成四块，早晚饭各吃两块。而下饭的菜呢，更加简单，仅切一点咸菜就行了。

范仲淹就这样在醴泉寺里刻苦读书，懂得了很多道理，学了不少知识。为了开阔眼界，增长更多的知识，他不远千里来到应天府，进了当时很有名气的南都学舍，拜著名学者戚同文为师。因为范仲淹很穷，经常吃不上饭，刚开始还能喝点稀粥，后来稀粥也没了，每当太阳落山时，他才胡乱吃点东西。可是他从来没有为吃饭这个问题而分心，反而在学习上更加勤奋刻苦了。他为自己制订了严密的学习计划，每天不完成计划决不睡觉。在严寒的冬夜里，每当他学习感到疲倦时，他就用冷水洗脸提精神。虽然学习环境这样艰苦，可是范仲淹从来没有叫过一声苦。

大中祥符八年（1015年），范仲淹以"朱说"之名参加科举考试中第，从一个贫寒的学子一跃成为进士，被任命为广德军司理参军，将母亲接回家中，改回本名。后来历任兴化县令、秘阁校理、陈州通判、苏州知州等职务，其间他因为秉公直言而多次遭到贬斥。康定元年（1040年），与韩琦共任陕西经略安抚招讨副使，采取"屯田久守"的方针，巩固西北边防。庆历三年（1043年），出任参知政事。九月，宋仁宗颁布手诏，指名要新提拔的范仲淹和枢密副使韩琦、富弼条陈奏闻可以实施的"当世急务"。数日之后，范仲淹呈上《答手诏条陈十事》，随着这一改革的纲领性文献的出台，拉开了庆历新政的序幕。

他条陈了十件事。

一是"明黜陟"，即改革官吏磨勘制度。在宋代，原规定文官以三年、武官以五年为期，将政绩送中央考课院磨勘，无大过失，例行迁转。到十月，朝廷制定了磨勘新法，严格考核办法，延长磨勘年限，择优破格升迁。

二是"抑侥幸"，即改革恩荫任子制度。此前，宋代有官员子女以门荫得官的任子制度。此后，朝廷推出了新荫补法，有了限制性规定，例如：皇帝生日不再荫补；官员长子以外的子孙年满十五，弟侄年满二十，才有荫补资格。荫补子弟必须通过礼部考试才能入仕为官。

三是"精贡举"，即改革科举教育制度。庆历四年，朝廷实行科学新制，规定：举子必须在校学习三百天，才能参加州县试；参加州县试的士子必须有人担保其品质无大问题；考试内容以发挥才识的策论为主，诗赋为辅。与此同时，朝廷明令全国州县立学，中央则在原国子监基础上兴办太学，成为全国的最高学府。

四是"择官长"，即严格选任地方官员。因为地方长官是否是贤人，关乎百姓和政权，所以范仲淹主张将年老、多病、贪污、不才这四种不合格官员一律罢免。他命各路转运按察使按察本路州县长吏，而他自己圈定全国监司名单，见有不合格者，以笔圈去，十分严格。

五是"均公田"，即纠正职田不均现象。宋真宗时，国家向官员授职田，以补薪俸不足。范仲淹认为，职田有助于官员廉洁奉公，主张朝廷派员检查并纠正职田不均的现象，责其廉洁，督其善政。

六是"厚农桑"，即兴修水利。在每年秋收以后，朝廷行文诸路转运使，督导州县三河渠、筑堤堰、修圩田，以治水旱，丰稼穑，厚农桑，壮国力。

七是"修武备"，即加强战备。范仲淹建议恢复唐代府兵制，在京师附近招募五万民兵，每年三季务农，冬季训练，既不募养禁兵，又能随时组织抗击入侵之敌。

八是"减徭役"，即省并县邑。此举既减少了官吏，又减轻了人民负担。庆历四年，大宋朝廷在河南府试点，撤并掉五个县，并准备推广到全国。

九是"覃恩信"，即强调诏敕的信用。范仲淹要求仁宗下诏，今后皇帝大敕颁布的宽赋敛、减徭役等项，各级官员必须执行，若不落实，一律以违制论处。

十是"重命令"，即强调政令的权威。政府颁行的各条法规，各级官府如敢故意违抗，严惩不贷，必以违制处罚。

这场庆历新政，核心是吏治改革，是范仲淹入京参政后，竭力主张并尽力推动的一大举措，许多具体措施立即得到实施。但也因此触犯了官僚集团的某些既得利益，招来了一些高官的反对，又因改革派在策略上的某些失误，激化了错综复杂的官场矛盾。

新政受挫后，范仲淹被贬出京城，历任邠州、邓州、杭州、青州知州。皇祐四年（1052年），改知颍州，范仲淹带病上任，在半途中逝世，享年64岁。后被追赠兵部尚书、楚国公，谥号"文正"，世称范文正公。

在范仲淹的情感世界中，最突出的是一个"忧"字。他在《岳阳楼记》中写道："不以物喜，不以己悲，居庙堂之高，则忧其民；处江湖之远，则忧其君。是进亦忧，退亦忧；然则何时而乐耶？其必曰：先天下之忧而忧，后天下之乐而乐欤！"一连六个"忧"，借楼抒怀，道出了自己鲜明的忧乐观。本来，有喜有忧，属人之常情、事之常理，但在那种平民百姓的"天下之乐"少之又少的年代，范仲淹的忧自然也就远多于乐了。

无论什么人，也无论处于什么时代，总会有忧愁，问题在于忧什么、为谁忧。范仲淹的"忧其民""忧其君"，用今天的话来说，就是忧国忧民。一个"忧"字，既不为"物喜"，亦非为"己悲"，而完全表达的是他那"以天下为己任"的精神境界和政治抱负。他以忧国忧民之心，多次上书朝廷，直陈己见。他写的《奏上时务书》《上执政书》《上时相议制举书》等，提出了"固邦本，厚民力，重名器，备戎狄，杜奸雄，明国听""固邦本者，在乎举县令，择郡守，以救民之弊也"等改革措施。其中，《上执政书》是在他居母丧期间写的。旧时官员丁忧期间，通常是不必问国事的，但他为了"四海生灵长见太平"，还是"冒哀上书，言国家事，不以一心之戚而忘天下之忧"。仅此一事，便可见其"忧"之一斑。

范仲淹的"忧"，归根到底是为普通百姓而忧。他在任兴化县令时，发动当地民夫筑成数百里让"民享其利"的捍海堤，被百姓誉称为"范公堤"。他位高权重时，则竭力为百姓选好官。据《宋史纪事本末》记载，庆历三年十月，朝廷为整顿吏治，决定逐路选拔转运使，对不称职者皆行罢免。在审查名单时，范仲淹把那些庸碌无能的转运使的名字，毫不客气地一笔勾掉。与范仲淹一同审核名单的富弼见勾掉甚多，心有不忍，便劝道："一笔勾之甚易，焉知一家哭矣！"范仲淹回答："一家哭何如一路哭耶！"义无反顾地坚持将庸碌无为者勾掉。在范仲淹的眼里，"一家哭"与"一路哭"孰轻孰重是显而易见的。为了让更多的普通百姓笑，只好让少数不肯干事或干不成事的庸官哭了。

范仲淹屡遭罢黜，忧国忧民的志向不改。有人对此曾提出过疑问，范仲淹的回答是："我道则然，苟尚未遂弃，假百用百黜，亦不悔。"意思是我的信念是不变的，为了信念，就是用我一百次、罢免我一百次，也不后悔。

王安石

| 唐宋八大家之一，北宋政治家、文学家。

王安石（1021年—1086年），字介甫，号半山，谥文，封荆国公，世人又称王荆公。汉族，北宋抚州临川（今江西省抚州市临川区邓家巷）人，中国北宋著名政治家、思想家、文学家、改革家，唐宋八大家之一。

王安石出生在一个小官吏家庭，从小就喜欢读书，记忆力超强，受到良好的教育。庆历二年（1042年）登杨寘榜进士第四名，先后任淮南判官、鄞县知县、舒州通判、常州知州、提点江东刑狱等地方的官吏。治平四年（1067年）神宗初即位，诏安石知江宁府，旋召为翰林学士。熙宁二年（1069年），王安石任参知政事，从熙宁三年起，两度任同中书门下平章事，推行新法。熙宁九年罢相后，隐居，1086年病死于江宁钟山，谥号"文"。其政治变法对宋初社会经济具有很深的影响，已具备近代变革的特点，被列宁誉为"十一世纪中国最伟大的改革家"。

王安石有多年的地方官经历，他认为宋朝所面临的危局是"内则不能无以社稷为忧，外则不能无惧于夷狄"。嘉祐三年（1058年），王安石上万言书给宋仁宗赵祯，要求对宋初以来的法度进行全面改革，革除宋朝存在的积弊。以历史上晋武帝司马炎、唐玄宗李隆基等人只图"逸豫"，不求改革，终于覆灭的事实为反例。王安石大声疾呼："以古准今，则天下安危治乱尚可以有为，有为之时莫急于今日"，要求立即实现对法度的变革；不然，汉亡于黄巾，唐亡于黄巢的历史必将重演，宋王朝也必将走上覆灭的道路。他的改革观点深得宋神宗赏识，宋朝一批士大夫期待王安石能早日登台执政。熙宁二年（1069年），王安石出任参知政事，次年，又升任宰相，开始大力推行改革。

王安石变法的目的在于富国强兵，借以扭转北宋积贫积弱的局势。王安石阐释了政事和理财的关系，"今所以未举事者，凡以财不足故，故臣以理财为方今先急"，"政事所以理财，理财乃所谓义也"。更重要的是，王安石在执政前就认为，只有在发展生产的基础上，才能解决好国家财政问题："因天下之力以生天下之财，取天下之财以供天下之费。"执政以后，王安石继续坚持他的这一见解。在改革中，王安石把发展生产作为当务之急，摆在头等重要的位置上。王安石认为，要发展生产，首先是"去疾苦、抑兼并、便趣农"，把劳动者的积极性调动起来，收成好坏决定于人而不决定于天。要达到这一目的，政府需制定相应的政策，在全国范围内进行从上到下的改革。在王安石上述思想的指导下，变法派制定和实施了诸如农田水利、青苗、免役、均输、市易、免行钱、矿税抽分制等一系列的新法。

通过一系列理财新法的实行，财政收入明显的增加，国库充裕，宋神宗年间国库积蓄可供朝廷二十年财政支出。新法在一定程度上抑制了豪强地主的兼并势力，青苗法取代了上等户的高利贷，限制了高利贷对农民的盘剥；方田均税法限制了官僚和豪绅大地主的隐田漏税行为；市易法使大商人独占的商业利润中的一部分收归国家，打击了大商人对市场的操纵和垄断；免役法的推行使农户所受的赋税剥削有所减轻，大力兴建农田水利工程，对农业生产的发展发挥了巨大作用，社会经济发展，人民负担减轻，呈现了百年来不曾有过的繁荣景象。

变法的强兵措施扭转了西北边防长期以来屡战屡败的被动局面。熙宁六年（1073年），在王安石指挥下，熙河路经略安抚使王韶率军进攻吐蕃，收复河、洮、岷等五州，拓地两千余里，受抚羌族三十万帐。这是北宋军事上一次空前的大捷，也是两宋时期汉民族与周边少数民族政权作战时，北宋朝廷开疆拓土、大展神威而大获全胜的唯一战例。同时培养出了王韶、章楶等杰出将领，并建立起进攻西夏地区的有利战线，对宋与西夏的战争格局掀起了翻天覆地的变化。

由于王安石的变法触犯了保守派的利益，遭到保守派的反对。因此，王安石在熙宁七年（1074年）第一次罢相。特别是由于变法的设计者王安石与变法的最高主持者宋神宗在如何变法的问题上产生分歧，王安石复相后得不到更多支持。也由于变法派内部分裂，加之其子王雱病故的打击，王安石于熙宁九年（1076年）第二次辞去宰相职务，从此闲居江宁府。

作为政治家的王安石，治国方略与他的哲学思想是紧密相关的。

他以上古时代的经书为文本，广泛吸收后代的各种学说来解释经书，内容涉及宇宙、人生、政治等方方面面的问题，特别是在治国之道上。他综合上古三代和儒、法、道各家的政治智慧做了全面而细致的论述。

王安石的思想侧重在人生哲学和人性论上，他把中国上古的创造精神和儒家、佛教的思想结合起来，认为人性是人的天赋的生命力，是超越伦理道德的善恶之上的绝对、至善；在人生观上，他将儒家思想和道家、佛教以及先秦诸子中的杨朱、墨翟等的观点结合起来，就群己关系、人生准则、理想人格等问题做出了自己的解答，和传统儒学重视伦常关系、群体价值有所不同。在教育问题上，王安石重视后天的习染和教育的作用；反对专重文辞的"无补之学"，崇尚实用的"朝廷礼、乐、刑、政之事"；反对道德不一，主张统一思想政治教育；反对"文武异道"，主张学文习武、文武并重；反对以严厉的烦琐的规章制度去强制学生，重视教育者的感化作用；反对死记硬背儒家经典，主张批判地学习。

　　王安石闲居江宁府后，曾经还发生过这样一个故事，从中可以看到一位政治家坦白的襟怀。有一天，他来到潮州。晚上，明月当空，花香扑鼻，王安石便到寓所的花园赏月。不多久，来了一位老人，王安石便邀他一起赏月。老人告诉他没有空闲奉陪。原来老人是这里的花匠，是来捉黄犬虫的。这种虫一到晚上，就在花心里睡觉，糟蹋花朵。说着，老人捉来一条交给王安石看，这是一条黄色的小毛虫。正当王安石借着月光，看那条黄犬虫时，忽然听到空中一阵鸟鸣，极其宛转悦耳。他感到奇怪，因为鸟在晚上是不叫啊！老花匠说："这是本地一种稀罕的鸟儿，常在晚上鸣叫，明月当空，叫得更欢，所以当地人叫它明月鸟。"听了老花匠的话，王安石感到内疚，想起几年前乱改那位秀才写的"明月诗"，完全是因为自己无知而铸成的大错。原来，王安石做了宰相后，在政务闲暇时，常常翻阅各地送来的诗文。有一天，他看到广东有个秀才写的诗："彩蝶双起舞，蝉虫树上鸣。明月当空叫，黄犬卧花心。"他看了第一二句，点头称赞；看到第三四句，便禁不住暗笑起来。一打听，是一位多年不第的秀才所书。王安石心想，这样糊涂的秀才，怎么能考得上呢？于是，他把后两句改成："明月当空照，黄犬卧花荫"。此情此景，让王安石惭愧不已。后来，王安石还专程拜访了那位秀才，并当面表示了歉意。

宋哲宗元祐元年（1086年），保守派得势，此前的新法都被废除。当他听到免役法也被废除时，不禁悲愤地说："亦罢至此乎！"不久便郁然病逝，享年66岁，获赠太傅，葬于江宁半山园。

张居正

| 明朝著名政治家、改革家。

张居正(1525年—1582年),字叔大,号太岳,幼名张白圭,湖广荆州卫人,生于江陵县,故而时人又称之"张江陵"。明朝中后期的政治家、改革家,万历时期的内阁首辅,辅佐万历皇帝朱翊钧开创了"万历新政",史称"张居正改革"。是明代唯一生前就被授予太傅、太师的大臣。著有《张太岳集》《书经直解》《帝鉴图说》等。

张居正出身于书香门第,父亲是一位秀才,张居正从小就聪颖过人,成了荆州府远近闻名的神童。张居正5岁识字,7岁能通六经大义,12岁考中秀才。这样一位神童级的人物自然轰动乡邻,13岁这一年,张居正踌躇满志地参加了乡试,以他的才华和功底,顺利考中举人应该没有悬念,但他却意外落榜了。暗中故意让他落榜的人,就是时任湖广巡抚的顾璘。

顾璘也是一位大才子，进士出身，从知县干起，一路波折成为了封疆大吏，他下过狱，遭过贬，仕途前景曾非常黯淡，但靠着不屈不挠的斗志，才柳暗花明又一村，因此顾璘深知挫折对一个人成长的重要性。张居正的名气，顾璘早已知晓。顾璘见到英气逼人的张居正，就认为他将来必是庙堂拜相、大有作为之人。看到张居正的自负和傲气后，顾璘决定动用手中的权力，让张居正此次考试无功而返。

事情正如预料的一样，此次乡试中，张居正取得了优异的成绩，湖广按察佥事陈束正准备录取张居正为举人之时，负责监考的冯御史按照顾璘的吩咐，竭力予以阻止，最终导致了张居正落榜。顾璘认为，张居正是个好苗子，但未免稚嫩，且之前从未遭遇挫折，未免骄傲自满，这次乡试正好可以给他适当的打击，让他吃点苦头，以增加人生历练。张居正在这次乡试失败后，更加奋发自强，三年后，他顺利通过乡试，成了一名少年举人。

嘉靖二十六年（1547年），23岁的张居正考中进士。隆庆元年（1567年）任吏部左侍郎兼东阁大学士，后迁任内阁次辅，为吏部尚书、建极殿大学士。隆庆六年（1572年），万历皇帝登基后，因为李太后与司礼监太监冯保的支持，张居正代高拱为首辅。明穆宗在位的时候，大学士张居正因为才能出众，得到穆宗的信任。1572年，穆宗死去，太子朱翊钧即位，是为明神宗。明神宗即位后不久，张居正成了首辅。张居正根据穆宗的嘱托，像老师教学生一样，辅导年仅十岁的明神宗。他编了一本有图有文的历史故事书，叫作《帝鉴图说》，每天给神宗讲解。张居正对神宗教育十分严格，神宗把张居正当作严师看待，既尊敬，又惧怕，再加上太后和宦官冯保的支持，朝政大事几乎全部由张居正做主。

张居正是一个能干的政治家，他掌握实权以后，大刀阔斧地在军事、政治、经济几方面着实地进行了一番改革。

当时，沿海的倭寇问题虽然已经解决，但北方的鞑靼贵族还不时侵入内地，成为明王朝很大的威胁。张居正把抗倭名将戚继光调到北方，镇守蓟州，戚继光从山海关到居庸关的长城上修筑了三千多座堡垒。戚家军号令严明，武器精良，多次击败鞑靼的进攻。鞑靼首领俺答表示愿意和好，要求通商。张居正奏明朝廷，封俺答为顺义王，一面和鞑靼通商往来，一面在边境练兵屯田，加强防备。以后的二三十年中明朝和鞑靼之间就没有再发生战争。北方各族人民的生活也安定多了。

由于朝政腐败，大地主兼并土地，逃避税收，一些豪强地主越来越富，国库却越来越空虚。张居正下令丈量土地，经过清查，查出了一批被皇亲国戚、豪强地主隐瞒的土地，这一来，使一些豪强地主受到了抑制，国家的收入也增加了。在丈量土地之后，张居正又把当时各种名目的赋税和劳役合并起来，折合银两征收，称为"一条鞭法"。经过这种税收改革，防止了一些官吏的营私舞弊，增加了国家的收入，也在一定程度上减轻了农民的负担。张居正花了十年，努力进行了大胆的改革，使十分腐败的明朝政治有了转机。国家的粮仓存粮充足，足够支用十年。黄河年久失修，河水常常泛滥，大批农田被淹，影响农业和运输。张居正任命专治水利的潘季驯督修黄河水利工程。潘季驯修筑堤防，堵塞决口，使黄河不再泛滥，运输通畅，农业生产得到恢复和发展。

张居正执政的第五年，他年老的父亲在江陵老家去世，按照封建礼法，他必须离职守孝三年。但是张居正怕他一离开，正在进行的改革受到影响。在明神宗和一些大臣的挽留下，他让儿子奔丧，自己留在京城任职。这一来，就有不少人抓住张居正父死不奔丧的事，大做文章，纷纷向明神宗上书弹劾，有人甚至在大街揭贴告白攻击张居正，闹得满城风雨。后来，明神宗不得不下令，再反对张居正留任的一律处死，攻击才平息下来。

张居正的权力实在太集中了，明神宗渐渐长大起来，反而闲得没事干，就有一批亲近的太监在内宫用各种办法给他取乐。有一次，神宗喝醉了酒，无缘无故把两个小太监打得半死。这件事让太后知道了，马上把明神宗找来，狠狠地责备一顿。后来，张居正做主，把一些引诱神宗胡闹的太监全部赶走，太后还让张居正代神宗起草了罪己诏（皇帝责备自己的诏书）。这件事虽然过去了，但是明神宗对张居正，已经从惧怕发展到怀恨了。1582年，张居正因病去世。明神宗亲自执政。原来对张居正不满的大臣纷纷攻击张居正专横跋扈。第二年明神宗竟把张居正的官爵全部撤掉，还派人查抄了张居正的家。张家子孙十几人，被关在屋子里活活饿死。大儿子被拷打后自杀，直到明熹宗天启二年（1622年），张居正一家才恢复名誉。

张居正的改革措施，当然也遭到破坏，刚刚有一点转机的明朝政治又走上了下坡路。作为一位卓越的政治家，张居正为政一生，力倡改革、严明法制、以民为本、推行务实。

嘉靖年间，嘉靖帝自诩与汉文帝相媲美，崇善黄老，提倡无为而治，长达二十年不上朝理政，以致朝廷大权旁落，"纲纪坠落，法度陵夷"，边防松弛，宦官专权，官吏腐败，国库空虚，土地兼并，流民四散，草泽祸起，鞑靼进犯，土司叛乱，倭寇骚扰，民不聊生。

张居正以其非凡的洞察力和智慧，认识到朝廷危机。张居正主张朝廷必须把权力高度集中起来，由君主"总揽乾纲，独运威福"，用法律、法令来规范天下，果断地推行各项政策法令，使之即使远在万里以外，也能做到早晨下达而晚上实行，从而达到加强君主专制的权威和国家统一管理的目的。加强内阁对六部的控制，解决六部之间彼此争权、互相推诿、经常发生掣肘或冲突的问题，采取从六部到州、县长官，实行一层一层控制的办法：大权集中于内阁，使之成为名副其实的政治中枢。罢斥和汰黜一批为非作歹的宦官。巩固国防、整饬边防、加紧练兵、使用战车,并以步、骑兵配合作战。开屯田、修补长城、建筑"敌台"、加强防御力量。在边防巩固的基础上,通过和谈来改善明朝和蒙古族之间的关系。节流开源、惩办贪污、清理欠赋和清丈田亩,改革赋役,推行一条鞭法。通过一系列的改革使奄奄一息的明王朝重新获得勃勃生机。

阳明心学强调道德实践,甚至进而把认识上的是非也纳入道德实践范围,与主观上的好恶相等同。阳明心学是倡人们用内心的"良知"来约束自己的行为,认为只要将封建纲常伦理置于心中,使每个人都无丝毫私欲牵挂,真正依照"良知"生活,就能在思想上、行为上与封建统治者的要求保持高度统一,就能够化解现实社会的危机,使封建统治可以长治久安。张居正深刻认识到社会危机的复杂性和危害性,他认为光靠阳明心学所谓的"良知"是无法扫除时弊、拯救现实危机的,只有敦本务实、改革创新,才能使国家真正走出困境,摆脱危机。他提出"省议论、振纪纲、重诏令、核名实、固邦本、饬武备"的改革方案,自上而下地推动政治、经济、军事改革,统一政权、严肃法纪、发展经济、关注百姓疾苦、以民为本,通过实实在在的改革和努力,化解社会矛盾和危机,进而达到富国强兵的目标。张居正的思想符合当时的社会发展规律,具有较强的实践性和科学性。

张居正提出君主要亲自总揽法纪刑赏之权,强化君主诏令的绝对权威,还要严明法制,并强调严明法制是强化君威的制度保障,而严明法制的关键是执法公平无私,不偏不倚,要做到"法所当加,虽贵近不宥;事有所枉,虽疏贱心申"。张居正主张用法律、法令来规范天下,果断地推行各项政策法令。如严格实行"考成法",加强内阁对六部的控制,实行层层控制的办法。对六部、都察院以至按、抚的违制行为,加强考核和纠察,特别是大力纠正宦官专擅的积弊,禁止宦官参与国家的军政事务,罢斥和汰黜了一批为非作歹的宦官。严格的考察，论定功过，给予恰当的赏罚和黜陟，触犯刑律，必须明正其罪，执法不贷。张居正提倡的法治，主要是用来约束和规范统治阶级内部组织行为，打击其不法现象，触动了最腐朽、最黑暗的社会势力，并在一定程度上同情和保护了广大劳动人民，具有一定的先进性和进步意义。

张居正强调："法制无常，近民为要，古今异势。便俗为宜。"从近民便俗出发考察先朝的法规，凡是不能顺应时势，违背民众要求的，可不用遵守；只要顺时安民的，即便是凡夫俗子的建议，也应该听从。要使各级官员摒弃旧规，面向实际，以富国强兵为首要任务，大力提倡扫无用之虚词，求躬行之实效。张居正还强调："人情物理不悉，便是学问不透"，要求面向实际，把治学理政与解决国计民生结合起来，以民为本，以是否有利于社会的发展和切合人民的需要为根本原则，不论是旧有的或现行的法律制度，都应当以此作为衡量的标准。他还提出"时宜之，民安之，虽庸众之所建立，不可废也；戾于时，拂于民，虽圣哲之所创造，可无从也"。如果一项法律制度合乎时宜，人民满意，即使是平凡的人所建立，也不应当废弃；否则即使是往古圣哲所建立，也不应当遵循。张居正还尖锐地指出，"以天下之大，奉一人之身"，将造成天下深重的苦难，危害至大，所以他要求君王"不以天下奉其身，而以其身为天下使"，他大胆提出了"极则必变，变则反始"的社会进化理论和"天之立君以为民"的"民贵君轻"观点。张居正在法制方面虽然力主改革，却并不认为必须做"戾于时，拂于民"之事，即不合时宜和违背民意的改弦更张，更不是企图用严刑峻法来虐使百姓，而只是要求"整齐严肃，悬法以示民而使之不敢犯"。

曾国藩

| 提示语： 中国近代化建设的开拓者。

曾国藩（1811年—1872年），初名子城，字伯涵，号涤生，宗圣曾子七十世孙。中国近代政治家、战略家、理学家、文学家，湘军的创立者和统帅。

曾国藩出身于地主家庭，自幼勤奋好学，6岁入塾读书，8岁能读四书、诵五经，14岁能读《周礼》《史记》《文选》。道光十八年中进士，入翰林院，为军机大臣穆彰阿门生。累迁内阁学士，礼部侍郎，署兵、工、刑、吏部侍郎。他与胡林翼并称"曾胡"，与李鸿章、左宗棠、张之洞并称"晚清中兴四大名臣"。

曾国藩在道光年间连年被提拔，升迁极快，十年之间连升十级。正常情况下，在升为正三品大员后，按规定，轿呢要由蓝色换为绿色，护轿人也要增加两人，而且乘轿是需要配备引路官和护卫的。但令百官诧异的是，曾国藩从升为三品官之日起，除身边不得不增加两名护卫外，轿前不仅没有引路官，连扶轿的人也省了，轿呢也没有换成绿色，仍乘蓝轿。曾国藩纵横官场几十载，正是凭借了这种低调、内敛的功夫。

曾国藩认为为官有四大忌，即"四败"：昏惰任下者败，傲狠妄为者败，贪鄙无忌者败，反复多诈者败。曾国藩把这"四败"写在案头上，每天提醒自己。曾国藩认为自古以来凶德致败者大约有二端：一是傲慢，二是多言。他总结历史的经验说："我看历代的那些著名的大官，大多数都是因为这两个原因而败家丧身的。"这就是说，为官者之所以身败名裂，往往是由于不知道顾忌。

曾国藩曾经说自己有"三畏"：畏天命、畏人言、畏君父。曾国藩一生，也始终是在如履薄冰、如临深渊这样的心境中度过的。道光二十五年，曾国藩升了官，他在给弟弟的家书中，表示不但不敢高兴，反而感到战战兢兢。他说："这次升官，实在是出乎我的意料。我日夜诚惶诚恐，自我反省，实在是无德足以承受。你们远隔数千里之外，一定要匡正我的过失，时时寄信来指出我的不足，务必使累世积累下的阴德不要到我这里堕落。弟弟们也应当常存敬畏之心，不要以为家里有人当官，于是就敢欺负别人；不要以为自己有点学问，于是就敢恃才傲物。常存敬畏之心，才是惜福之道。"

曾国藩1838年中进士后的数十年中，他一直在翰林书院任职。方便的条件使得他"日以读书"为业，把诗词古文和封建理学研究得非常透彻。而在此期间，他深受当时桐城派集大成者姚鼐、程朱理学大师唐监的影响，并自称"国藩之粗解文章，由姚先生启之"，并把姚先生奉为圣哲。其实当时对他影响最大的当属唐监，他曾对友人说："至唐静海先生处，问检身之要，读书之法，先生言当以《朱子全集》为宗。"正因为如此，曾国藩早年对姚鼐、唐监等人所奉行的"义理""考据""辞章"等理论给予了充分的肯定。

为了维护封建统治，他将理学和经世致用之学结合起来。把三门之学发展为四门之学，他说"为学之术有四，曰义理，曰考据，曰辞章，曰经济"，并自言在经济之学上所花费工夫最多，所取得的成就最大，将经济之学提高到了与义理之学同等地位的高度，指出二者互为依存。曾国藩用经济之学丰富了义理学，把已经脱离了社会的古文拉回现实之中，丰富和发展了程朱理学，并且适应了时代的要求，成为后期桐城派领袖，形成了桐城派的变体——"湘乡派"，为中国传统儒学的发展做出了重要贡献。

曾国藩一生经历了很多大事，而鸦片战争应该是其中之一。鸦片战争失败之后，一些先进的知识分子如林则徐、魏源等终于从"天朝大国"的迷梦中苏醒过来，提出了"师夷长技以制夷"的先进言论，然而这些思想并没有得到当时的统治阶级的认可。

曾国藩在使用从外国购买的洋枪洋炮镇压太平天国运动时，意识到中国文化在器具方面远远不如西方近代文化先进。一方面，曾国藩经历两次鸦片战争，目睹了战争的失败及战后的耻辱，他认识到要想抵御外辱就得向西方学习，只有善于学习西方的先进技术，使自己的祖国强大起来，才能不受外国的牵制，在这方面曾国藩的思想和林则徐、魏源的"师夷长技"思想是一样的；另一方面，曾国藩还认识到不能只是简单地学习西方的"技"，更要学习西方的近代文化科学知识，如算学、术学、机械制造和绘图测算等，即他后来提出的"师夷智以制夷"观点。这表明他已经站在了另外的一个高度去认识西方文化，他的"师夷智"的思想要比林则徐、魏源的"师夷长技"的思想更进一步，包括的范围也更广。

曾国藩认为应该学习西方的先进文化，但这种学习是有条件、有限度的，要以坚持中国文化体系基本不变为前提，即把儒学思想作为封建统治阶级的官方思想，吸取西方文化之所长，补中国文化之短。曾国藩的思想在当时那个"华夏文化中心论"的思想相当浓厚的大清朝，已经算是巨大的进步了。并且正是在这种思想的影响之下，他开辟了学习西方先进文化知识的道路，为以后西方文化和先进科学技术的传入奠定了思想文化基础；开展了轰轰烈烈的洋务运动，开办了中国第一个近代兵工厂——安庆内军械所，制造出中国第一艘轮船；设立了中国第一个翻译馆，并在实践中发现了人才的重要性，萌生了派遣学生出国留学的观念，掀起了一股留学热；促进了民族工商业的发展，促进了资本主义在中国的发展。

林则徐

| 政治家、思想家和诗人，民族英雄。

林则徐（1785年—1850年），福建侯官县人，字元抚，又字少穆、石麟，晚号俟村老人、俟村退叟、七十二峰退叟、瓶泉居士、栎社散人等，官至一品，曾任湖广总督、陕甘总督和云贵总督，两次受命任钦差大臣；因其主张严禁西方列强的鸦片输入，在中国有"民族英雄"之誉。

嘉庆十一年（1806年），林则徐担任厦门海防同知书记，专责处理商贩洋船来往、米粮兵饷的文书记录。其任内他得到汀漳龙道百龄和福建巡抚张师诚赏识，张师诚将他招为自己的幕僚。那时厦门鸦片走私问题严重，历任厦门海防同知皆是贪官污吏，外商贿赂成风，无人打击走私。林则徐认识到鸦片问题的严重性，遂揭露烟贩伎俩，开阔民众视野。

嘉庆二十五年（1820年）二月，林则徐时任江南道监察御史，河南南岸河堤缺口，河南巡抚琦善办事不力，引发大水灾，林则徐不惧琦善满洲贵族的背景，向嘉庆帝直奏琦善的无能。他为官清廉，不畏权势，行事果敢，不假情面，导致同僚的猜忌、冷嘲热讽，林则徐因此对官场厌倦。道光元年（1821年），其父林宾日病危，林则徐以照顾父亲为由辞官而去。

道光十七年（1837年）正月，林则徐升任湖广总督。面对湖北境内每到夏季大河常泛滥成灾的境况，林则徐采取有力措施，提出"修防兼重"，使"江汉数千里长堤，安澜普庆，并支河里堤，亦无一处漫口"，对保障江汉沿岸州县的生命财产，做出了贡献。

道光十八年11月15日，林则徐受命钦差大臣，入广州查处禁烟。林则徐先弄清广州受鸦片毒害情况，查找各家烟馆，掌握大量第一手资料，于道光十九年正月（1839年3月）抵广州，二月初四（3月19日），林则徐会同邓廷桢等传讯十三行洋商，责令转交谕帖，命外国鸦片贩子限期缴烟，并具结保证今后永不夹带鸦片，他还严正声明："若鸦片一日不绝，本大人一日不回，誓与此事相始终，断无中止之理。"林则徐在广州主持禁烟抗英军事斗争共19个月。至5月18日，仅34天，共收缴烟土19187箱又2119袋，总重量1188127公斤，6月3日在虎门海滩上当众销毁，向全世界宣告了中华民族决不屈服于外来侵略的决心。

虎门销烟，展示出中华民族无与伦比的伟大形象，是抗击外来侵略的胜利。林则徐是这一事件的组织者、指挥者和完成者，从这个意义上说，他无愧于历史巨人。销烟的正义行动，得到了广大人民的支持，虎门海滩每天都有上万人观看，人们无不拍手称快。虎门销烟是我国近代史上反帝斗争中的光辉一页，林则徐领导禁烟运动的胜利，是中国人民反侵略斗争史上第一个伟大胜利，这一壮举，严厉地打击了外国鸦片贩子，维护了中华民族的尊严和利益，大长了中国人民的志气。

西方资本主义强敌入侵，促使林则徐"最先从封建的闭关自守的昏睡状态中觉醒，以全新的态度睁眼看世界"。林则徐赴广州主持禁烟后，在与侵略者斗争的实践中意识到自己西方知识的贫乏、国人对王朝之外世界的无知,他急于改变"沿海文武大员并不谙诸夷情,震于英吉利之名,而实不知来历"的状况,开始有意识、有目地地收集外文报刊、书籍进行翻译,以求获得有价值的情报,加深朝廷、国人对"西洋"的了解。

通过分析外国的政治、法律、军事、经济、文化等方面的情况,他认识到只有向西方国家学习才能抵御外国的侵略。

他提出"师夷之长技以制夷"的主张,提出为了改变军事技术的落后状态应该制炮造船的意见;亲自主持并组织翻译班子,翻译外国书刊,把外国人讲述中国的言论翻译成《华事夷言》,作为当时中国官吏的"参考消息";为了解外国的军事、政治、经济情报,将英商主办的《广州周报》译成《澳门新闻报》;为了解西方的地理、历史、政治,较为系统地介绍世界各国的情况,又组织翻译了英国人慕瑞的《世界地理大全》,编为《四洲志》;为适应当时对敌斗争和对外交涉的需要,派人迅速编译了《国际法》,这在中国国际法学史上是一个划时代的事件:它标志着西方国际法著作正式传入中国,标志着近代国际法开始在我国应用于对外交涉,标志着我国近代国际法学史的开端。从理论上说,林则徐是中国引进国际法的第一人,是中国近代外交事业的先行者,是中国国际法学的开山者。

林则徐是我国近代史上一位伟大的爱国者和杰出的民族英雄,他在了解世界,研究西方方面带了头,成为中国近代传播西方文化,促进西学东渐的带头人。

林则徐不仅是我国历史上伟大的民族英雄,同时还是一位出色的治水专家。他在仕宦生涯中,十分重视并努力举办水利事业,兴修浙江、上海的海塘、太湖流域各主要河流等水利工程,治理运河、黄河、长江。林则徐治水注重深入实际,事必躬亲,同时还重视赈灾济贫,这些都是其"重民思想"的反映。林则徐曾著《北直水利书》。《北直水利书》除经济之外,亦有治水方略,后来林则徐的学生冯桂芬将《北直水利书》改编成《畿辅水利议》。

道光十一年十一月二十二日(1831年12月25日)林则徐擢升东河河道总督。到任后,林则徐立即补修治水方面的知识,验催河工,保持质量,处分办事不力之官员,下令检验河堤料垛,他向道光帝呈上的奏折中表示:"周历履勘,总于每垛夹档之中,逐一穿行,量其高宽丈尺,相其新旧虚实,有松即抽,有疑即拆,按垛以计束,按束以称斤,无一垛不量,亦无一厅不拆。"

林则徐做事认真,令贪官无可做假,桃汛来时,两岸安然无恙,得到道光帝多次称赞。当林则徐的对治水方面的知识和经验日丰时,诗人张际亮向林则徐提议将黄河河道改道,使之北流,从山东利津入海。林则徐也有同感,但民意和官员都反对此治河方略,加上林则徐不能独揽全局,张际亮之提议遭否决。直到林则徐逝世前不久,他还表示张际亮的治河方略是对的。林则徐逝世后,咸丰五年(1855年),黄河改道,循大清河至利津入海。

林则徐勤政爱民,护边耕战,成绩突出。道光二十六年七月,林则徐任陕西巡抚后,便上书皇帝,宣称陕西"东北毗连晋豫,西南壤接川甘,道路纷歧,奸宄易于出没。如佩执凶器之刀匪,此拿彼逃,最为民害"。并表示决心要"除暴安良""严缉捕以靖地方",作为接任陕西巡抚后的"首务"。当时刀客的活动主要在关中地区,尤以渭南、富平、大荔、蒲城一带最盛行。他们"有窝巢以为藏身之固,有器械以为抵御之资"。所以"不独兵役避其凶锋",即州县营员亦"惜费惮劳""望而却步"。林则徐上任后,对地方官吏兵勇的所谓"锢习",首先是"剖析开导,务令极力破除",增强他们"缉匪"的勇气和信心,然后以"马得讽纠众夺犯伤差案",他缉匪从渭南刀客下手。此案原发生在五、六月间,七、八月林则徐正式赴任后,便"亲提研鞫",除判首犯马得讽以斩刑"就地正法"外,而将刀客赵恩科子、史双儿等人"不分首从,发云贵两广极边烟瘴充军"。到是年年底,由于林则徐积极督剿,在关中东部各县,以及陕北的安塞等县,又相继缉获146人,其中明确称为"刀匪"的有46人,均从严惩处。对林则徐积极镇压刀客的行动,道光帝朱批"所办甚好",大加赞赏。

在镇压了"刀客"之后,林则徐采取了一系列赈灾措施。一方面,把西安府等地的一百多万石存粮向贫民平粜,对于无力购粮的极贫户与老弱病残者,由官方收养,省城西安即收养极贫百姓三四千人;劝绅商富户出钱出粮救济其所在村寨的贫困户,并令地方官与各地富户收买、质押耕牛,以免影响耕种;另一方面,向清廷连上《被旱各属分别缓征折》《咸宁等十二州县应征粮石展限奏销折》,请求朝廷缓征钱粮。为从根本上免除灾荒,他筹议兴修关中水利,命陕西督粮道张集馨对《关中胜迹图志》一书加以研究,提出方案。但这一计划终因费用太大,未能实现。林则徐通过上述多种办法,使陕西局势得到暂时的稳定。

晚年的林则徐不顾年高体衰,从伊犁到新疆各地"西域遍行三万里",实地勘察了南疆八城,加深了对西北边防重要性的认识。林则徐所译资料中发现沙俄对中国的威胁,促成了他抗英防俄的国防思想,成为近代"塞防论"的先驱。于是他明确向伊犁将军布彦泰提出"屯田耕战",有备无患。他还领导群众兴修水利,推广坎儿井和纺车技术,人们为纪念他的业绩,将井和车称为"林公井""林公车"。林则徐根据自己多年在新疆的考察,结合当时沙俄胁迫清廷开放伊犁,指出沙俄威胁的严重性,临终时曾大声疾呼,告诫国人:"终为中国患者,其俄罗斯乎!吾老矣,君等当见之。"果不其然,其后数十年,数百万领土已被蚕食鲸吞,历史证明了林则徐是正确的!

康有为

> 晚清时期重要的政治家、思想家、教育家，资产阶级改良主义的代表人物。

康有为（1858年—1927年），原名祖诒，字广厦，号长素，又号明夷、更甡、西樵山人、游存叟、天游化人，广东省南海县丹灶苏村人，人称康南海。主要著作有《康子篇》《新学伪经考》《孔子改制考》《日本变政考》《大同书》和《欧洲十一国游记》等。

康有为出身于封建官僚家庭，光绪五年（1879年）开始接触西方文化。光绪十四年（1888年），康有为第二次到北京参加顺天会试，借机第一次上书光绪帝请求变法，但因中途受阻未上达。光绪十七年（1891年）后在广州设立万木草堂，收徒讲学。

光绪二十一年（1895年）三月二十三日，清政府被迫签订割地赔款的《马关条约》。康有为得知《马关条约》签订，极为悲愤，联合1300多名举人上万言书，虽然书未递上，但这一行动在知识界已产生巨大影响，史称"公车上书"，它标

志着维新思潮已渐变为政治运动。

公车上书的内容包括请求拒和、迁都、练兵、变法,提出"下诏鼓天下之气""迁都定天下之本""练兵强天下之势""变法成天下之治"等改良派的救国纲领,认为变法着重在富国、养民和教民三方面。提出富国的六个方法:一是钞法,户部用精工造钞票,设官银行,以扩充商务;二是建筑铁路,收我利权;三是制造机器、轮舟,奖励新制造,并发展、保护民营工业;四是矿务,开设矿学,请比利时人教导勘测,选才督办,不滥用私人;五是铸银,各省设铸银局,以塞漏卮;六是邮政,设邮政局。提出的养民的四个方法:一是务农,二是劝工,三是惠商,四是恤穷。教民之法则为分立学堂、开设报馆,以"化寻愚民,扶圣教而塞异端"。

光绪二十一年(1895年)九月,为了组织和发展维新派力量,康有为在北京组织了强学会,得到光绪帝和帝师翁同龢的支持。强学会成立之后,每三天举行一次例会,讨论"中国自强之学",批判顽固派的投降卖国行径。这惹怒了李鸿章等人,康有为于同年十一月离京南下在上海组织了强学分会,不久也被封闭。第二年仍在广府学宫万木草堂讲学,他撰写多年的《孔子改制考》完稿,该书借"素王改制说"把孔子描述成"托古改制"的改革家;又附会《春秋公羊传》"通三统,张三世"之说,认为历史发展有据乱世、升平世、太平世三个阶段,需不断改革进步,以此作为维新变法的理论根据。

光绪二十四年(1898年)六月十六日,光绪帝在颐和园勤政殿召见康有为,任命他为总理衙门章京,准其专折奏事,筹备变法事宜,史称戊戌变法。戊戌变法之初,在康有为的幕后主持下,光绪帝推动了一系列的改革,此后,康有为递上奏折,对政治、经济、军事、文化方面提出不少改革建议,包括拟定宪法、开制度局、禁止妇女缠足、裁冗官、置散卿、废漕运、撤厘金、裁绿营、放旗兵、废八股试帖楷法取士、改书院、废淫祠等，希望中国有一个不要根本改变封建制度而可以发展资本主义的宪法；要求保护工商业，予中国资本主义适当的发展；要求重练海陆军，挽救中国被帝国主义瓜分的危机；要求废科举、办学校，以培养新的人才。这时，他还和梁启超、谭嗣同、杨深秀等积极策划推行新政。

"百日维新"期间，新旧斗争异常尖锐，例如废八股疏上，后党即多方阻挠，公开宣称嫉恶康有为如仇敌，说是"蛊惑人心，混淆国是"；还有人严参康有为，说其"聚集匪徒，招诱党羽"，"遍结言官，把持国是"。康有为和御史宋伯鲁、杨深秀等予以反击。但是，后党掌握了军政实权，而光绪帝则只有起草上谕权。七月中旬，后党怀塔布、杨崇伊先后到天津看荣禄，阴谋策划政变，推翻新政。光绪帝先后发出两次"密诏"，称"今朕位几不保"，并明谕康有为"迅速前往上海，毋得迁延观望"。八月初五日（9月20号），康有为离京南下。次日，慈禧太后再出"训政"，戊戌政变失败。

变法失败后康有为逃往日本，自称持有皇帝的衣带诏，组织保皇会，鼓吹开明专制，反对革命。辛亥革命后，作为保皇党领袖，他反对共和制，一直谋划溥仪复位。民国六年（1917年），康有为和张勋发动复辟，拥立溥仪登基，不久即在当时北洋政府总理段祺瑞的讨伐下宣告失败。溥仪被冯玉祥逐出紫禁城后，他曾亲往天津，到溥仪居住的静园觐见探望。康有为晚年始终宣称忠于清朝，直到民国十六年（1927年）病死于青岛。

作为晚清的一名政治家，康有为主张变法使中国走上资本主义道路。他认为赋税政策方面的改革主要是"蠲厘金之害以慰民心，减出口之税以扩商务"。他猛烈抨击了厘金税，认为它既不利商，又不利农，也不利于国，必须予以裁撤。他说"内地害商之政，莫甚于厘金一事，天下商人久困苦之"。指出"厘金内之务农工之源，外之损富畜之实。既以筹款计，亦徒中饱吏役，而国不受其大益"。他主张通过征收印花税等开辟财源，同时举办银行、邮政等国有事业，用以代替厘金税。

康有为认为商兴才能国富，统治者必须"保商"，而保商的关键在于轻税。指出："中国向者误于抑末之说，乃惟重租税以困辱之。至于吾商出口之税，重于外商入口之税，此与各国保商之道相反，商务安得不因？"康有为的轻税思想在后期发展为无税论，在《大同书》里他主张："公中更未尝向一人而收赋税，扫万国亘古重征厚敛之苦。"这种观点实际上是超越现实的空想。

康有为的政治理想空想的色彩多于现实。

依宪治国观念。到戊戌变法以前，中国的封建制度存留长达2000余年，康有为在《万国公报》中指出，不可谓没有法，也不可谓没有"依法治国"，但是法自君出，权尊于法，法律作为一种统治工具，约束臣民而不约束君主，引礼入法，以家族为本位而维护封建等级制。康有为第一次提出了包含限制君权意义的法律概念，即宪法。他认为国家的政体可以分为专制、立宪和共和三种。在专制政体下，"一君"与"大臣数人共治其国"，而立宪政体则是"人君与千百万国民和为一体"。因此，"宪法"就是"维新之路"。早期出国留学或出使海外的中国人，也曾经提出应当改革内政、学习西方的政治体制，但往往是简单的制度引介，没有意识到宪法限制君权、对抗封建专制的作用。自康有为提倡君主立宪以来，直至清末立宪，虽然历经共和制、帝制以及民主、专制政体之反复，历任政府无不以立宪为立国之开端，无不以宪法记载一国政治的基本原则，这与康有为的提倡不无关系。

主张君主立宪。康有为反对君主专制政体，主张君主立宪。他认为君主权威无限"大背几何公理"，主张"立一议院以行政，并民主亦不立"。又说，"君臣一伦，亦全从人立之法而出，有人立之法，然后有君臣。今此立法权归于众，所谓以平等之意用人立之法者也，最有益于人道矣"。由此，康有为在中国明确提出了作为资产阶级民主立宪理论基础的身份平等观。其实，康有为对立宪模式的选择在戊戌变法前后有所变化。戊戌变法以前，他提倡集权制的君主立宪，类似于日本和德国。但是戊戌变法之后，他提倡虚位君主，类似于英国。戊戌变法时期，他认为"变法"应"以俄国大彼得之心为心法，以日本明治之政为政法"。前者意在强调其自上而下的改革方式，后者则指日本明治维新后所确立的君主立宪制。

提倡权力制衡。康有为很早就从理论上肯定了三权分立、权力制衡理论的合理性。在戊戌变法之前所撰写的《实理公法全书》（1888年前）当中，康有为从几何原理出发，认为"以互相逆制立法，凡地球古今之人，无一人不在互相逆制之内"。他认为："以一顺一逆立法，凡使地球古今之人，有彼能逆制人，而人不能逆制彼者。则必有擅权势而作威福者，居于其下，为其所逆制之人必苦矣。"他又具体指出了三权分立的主要内容："泰西论政，有三权鼎立之义。三权者，有议政之官，有行政之官，有司法之官也。夫国之政体，犹人之身体也。议政者譬若心思，行政者譬为手足，司法者譬如耳目，各守其官，而后体立事成。"同时，他反对机构设置重叠，认为中国之弊"在治地太大，小官太疏也"。

民权思想与政治观。在康有为之前，中国虽然有"民本"思想，但是却没有民权思想。康有为吸收了西方自由主义的民权观，强调公民自治。在《万身公法书籍目录提要及实理公法全书》中，康有为较为系统地提出了自己的民权观。他认为，人生来平等，同时又充满差异性，这些充满差异性的人是独立的，有自主权，应当"以平等之意，用人立之法"，对此进行规范。他不但主张长幼平等、朋友平等，甚至认为君民之间也是平等的。他认为"民之立君者，以为己之保卫者也。盖又如两人有相交之事，而另觅一人以作中保也。故凡民皆臣，而一命之士以上，皆可统称为君"。把君主比作契约关系中的见证人，而不是以往以君主为一切社会关系的合法性来源，这在当时是思想的一大进步。

主张实行地方自治。以公民自治理论为基础，主张实行地方自治。他认为："中国地方之大病在于官代民治，而不听民自治"，"立法之意但以为国，非以为民，但求不乱，非以求治。有大官而无小官，有国官而无乡官，有国政而无民政，有代治而无自治"。康有为所主张的地方自治，类似于"古者之封建也""但古者，乱世封建其一人，则有世及自私争战之患，此所以不可行也。今者升平封建其众人，听民自治，听众公议，人人自谋其公益，则地利大辟，人工大进"。他还提出了具体的参照系，即"因乡邑之旧俗而采英德法日之制"，以"万人以上地十里者为一局，或名曰邑"等具体设计。

教育废科举，兴学校。康有为把教育作为培养维新变法人才的主要途径，所办万木草堂以"激励气节，发扬精神，广求智慧"为教育宗旨。光绪二十四年（1898年）六月康有为在《请废八股试帖楷法试士改用策论折》中力陈明清两代科举考试注重八股、试帖和楷法的危害，请求光绪帝令"今乡会重试，请改试策论"。并且进一步提出废科举，兴学校。"宏开校舍，教以科学，俟学校尽开，徐废科举。"他主张"远法德国，近采日本，以定学制"。具体办法是乡立小学，县立中学，省府立高等学堂，京师立大学，并分设海、陆、医、律、师范等各专门学。康有为关于学校教育制度的设想反映在1884年写成的《大同书》中，该书阐述了从怀孕的妇女接受胎教的人本院，到育婴院、小学院、中学院、大学院这样一个体系完整、前后衔接的学校教育制度，强调早期教育、学前教育，主张男女教育平等，主张实行德、智、体、美诸方面发展教育，反映了改良主义者的良好愿望，具有强烈的空想色彩。

康有为在书法艺术方面也做出了贡献。他是继阮元、包世臣后又一大书法论家。他于光绪十五年（1889年）所著的《广艺舟双楫》是从理论上全面地系统地总结碑学的一部著作，提出了"尊碑"之说，大力推崇汉魏六朝碑学，对碑派书法的兴盛有着极其深远的影响。康有为对帖学一系做全面否定，大肆鼓吹"尚碑"意识，造就一代新风，提出"卑唐"，将有唐数百年来的书家创作一笔抹杀。

梁启超

| 中国近代思想家、政治家、教育家、史学家、文学家。戊戌变法（百日维新）领袖之一、中国近代维新派、新法家代表人物。

梁启超（1873年—1929年），字卓如，一字任甫，号任公，又号饮冰室主人、饮冰子、哀时客、中国之新民、自由斋主人。清朝光绪年间举人。

梁启超出生于广东新会茶坑村，祖父梁维清、父亲梁宝瑛，都曾经以士绅的身份参与乡政，在当地有一定的势力和影响。梁启超自4岁居家就读，跟祖父识字。在早年启蒙教育中，梁启超不仅学到了不少传统的文史知识，而且还听到了许多悲壮激昂的爱国故事。祖父经常给他讲述亡宋亡明国难之事，朗诵激动人心的诗歌篇章，这种带有爱国情感和思想倾向的早期教育，对梁启超产生了重大影响。

梁启超自幼聪慧异常，8岁学作文，9岁能写千言，17岁中举。后师从康有为，成为一代风云人物。

作为一个政治人物，梁启超是一个矛盾体；作为一位学者、文学家，他成就卓著。

光绪二十一年（1895）春，梁启超入京参加会试时，正值清廷与日本侵略者签订丧权辱国的《马关条约》。消息传出，群情愤慨。梁启超受康有为之命，"鼓动各省，并先鼓动粤中公车，上折拒和议"。光绪二十一年四月初八日，康有为、梁启超发动了著名的"公车上书"请愿活动，邀集1300余名举人联名上书清廷，要求拒和、迁都、实行变法，从而揭开了维新运动的序幕。

作为康有为的重要助手，梁启超不仅协助组织会议，联络人士，而且还撰文誊录，起草奏书，发挥了突出作用。六月，康有为在北京创办《万国公报》（不久改为《中外纪闻》），梁启超是该报的主要撰稿人，他"日日执笔为一数百字之短文"，宣传西学，倡导变法，在引导舆论方面取得了很好的效果。"报开两月，舆论渐明"，那些士大夫"初则骇之，继亦渐知新法之益"。梁启超在办报过程中也得到了锻炼，显示了才华。他那高度的热情和出众的能力，受到了人们的重视。短短几个月时间里，梁启超就从一个人微言轻的普通士子，成长为一个广为人知的维新运动的领袖人物。

黄遵宪、汪康年等人在上海筹办《时务报》，梁启超应邀前往主笔。在主编《时务报》时期，他以新颖犀利的言论和通俗流畅的文字，写出了《变法通议》《论中国积弱由于防弊》等一系列文章，系统阐述维新变法理论。他指出，中国要强盛，必须进行变法："法者，天下之公器也；变者，天下之公理也。大地既通，万国蒸蒸，日趋于上。大势相迫，非可阏制。变亦变，不变亦变。变而变者，变之权操诸己，可以保国，可以保种，可以保教。不变而变者，变之权让诸人，束缚之，驰骤之，呜呼，则非吾之所敢言矣！"梁启超在这些文章中，还大力介绍西学，明确提出要改革中国羸弱落后的面貌，就必须学习西方资本主义国家的政治、经济和文化教育制度。他还引用西方资产阶级的民权学说和议会制度,竭力宣扬民权论,痛驳"唯天子受命于天,天下受命于天子"的封建说教,在当时起到了振聋发聩的作用。他把历代帝王斥为"民贼",认为"君权日益尊,民权日益衰,为中国致弱之根源"。呼吁要"伸民权""设议院",实行君主立宪,并强调,这是维新变法中最为根本的问题。他满怀信心地说:"西人百年以来,民气大伸,遂而勃兴。中国苟自今日昌明斯义,则数十年其强亦与西国同,在此百年内进于文明耳。"

梁启超擅长用浅显流畅的文字来阐述重大的时事问题和深刻的道理,笔端常常挟裹感情,有很强的鼓动性。他对封建专制制度的大胆抨击和对西方资本主义制度的大力宣扬,在当时的知识分子中间产生很大的感染力。严复这样评价梁启超:"任公文笔,原自畅遂。其自甲午以后,于报章文字,成绩为多,一纸风行海内,观听为之一耸。"由于梁启超的参加,《时务报》的影响迅速扩大,几个月间销量即达一万余份,"为中国有报以来所未有"。梁启超的名声也随之日起。

变法理论的宣传,有力地促进了维新运动的开展,但也遭到了那些反对维新运动人物的不满和嫉恨。洋务派的代表人物张之洞,授意汪康年进行干预,力图控制《时务报》,梁汪矛盾日益激化。梁启超难与其争,于是接受湖南巡抚陈宝箴的邀请,于光绪二十三年(1897年)十月离开上海到湖南,担任长沙时务学堂总教习。由办报改而教学,条件和环境都不同了,但梁启超并没有放弃宣传工作。在讲学过程中,他大力阐述康有为的改制理论,宣传维新思想,培养维新人才。特别是在批答学生札记时,梁启超往往借题发挥,锋芒直指封建专制制度。他甚至大胆宣布,"二十四朝其足当孔子至号者无人焉。间有数霸者生于其间,其余皆民贼也"。这些激昂的言辞,对于那些深受封建思想禁锢的青年学子来说,犹如是出征的战鼓,激励他们投身到改造社会、拯救民族的历史洪流中去。

甲午战争以后，中国面临非常险恶的局势。清廷的腐败和无能，通过甲午战争暴露无遗。帝国主义各国趁火打劫，力图扩大自己在华的势力范围。瓜分危机一触即发。光绪二十三年十月（1897年11月），德国出兵侵占胶州湾，康有为赶到北京，积极组织救亡活动。梁启超由于在湖南受到反维新势力的攻击，也于光绪二十四年（1898年）二月返回上海，随即辞去《时务报》主笔之职，于三月初来到北京，跟随康有为奔走呼号，决心为挽救民族危亡而尽自己的一分力量。他撰文演说，呼吁要使全国民众"咸知吾国处必亡之势，而必欲厝之于不亡之域，各尽其聪明才力之所能及者，以行其分内所得行之事"。梁启超反复强调，只有如此，才能拯救国家和民族的危亡。随着维新运动的高涨，梁启超的作用和名声也越来越大。在"百日维新"期间，有关新政的奏折、章程，不少都出自他的手笔。

戊戌变法失败以后，梁启超逃出北京，东渡日本，开始了他的流亡生活。初到日本之时，他一度与革命派接近，甚至利用康有为去加拿大组织保皇会的机会，与孙中山等革命人士往来密切，并试图联合立会，后因康有为得知此事，严厉反对，联合立会才告作罢。但是，梁启超与革命派毕竟不是同路人，他继续追随康有为，坚持改良立场。为了控制、利用舆论，扩大保皇派的影响，梁启超十分重视宣传工作，于光绪二十四年十一月（1898年12月）在横滨创办《清议报》，鼓吹"斥后保皇"，为改良活动摇旗呐喊。他竭力宣扬"光绪圣德"，说什么"今日议保全中国，惟有一策，曰尊皇而已。今日之变，为数千年之所未有。皇上之圣，亦为数千年之所未有。天生圣人，以拯诸夏，凡我同胞，获此慈父，今虽幽废、犹幸生存，天之未绝中国欤！"

与以前不同的是，梁启超迫于形势，不得已放弃"保皇"口号，而代之以"新民"之说。他指出："中国所以不振，由于国民公德缺乏，智慧不开"，因此，"欲维新吾国，当先维新吾民"。由于康梁等人顽固坚持改良立场，仇视和抵制民主革命，并且通过自己所控制的舆论工具，攻击革命。以孙中山为首的资产阶级革命派对改良派做了坚决的斗争。自光绪三十一年（1905年）同盟会成立以后，双方的论战达到了高潮。在这场激烈的论战中，梁启超在《新民丛报》上连续发表文章，鼓吹"开明专制"论，仍然强调中国国民程度太低，"未有共和国民之资格"，因此，"与其共和，不如君主立宪；与其君主立宪，又不如开明专制"。他攻击革命派要求推翻清朝统治是一种"复仇主义"，污蔑同盟会提出的"平均地权"是为了"博一般下等社会之同情，冀赌徒、光棍、大盗、小偷、乞丐、流氓、狱囚之类悉为我用"。

《辛丑条约》签订后，中国社会面临的民族矛盾和阶级矛盾愈趋尖锐。清朝统治阶级为了平息不断高涨的反清浪潮，调和统治阶级内部矛盾，博帝国主义欢心，以达到维持统治的目的，从光绪二十七年（1901年）开始推行清末新政；光绪三十一年（1905年），又表示要仿行宪政，并派五大臣出洋考察政治。五大臣回国后，密奏实行立宪有"皇位永固""外患渐轻""内乱可弭"三大好处，主张先宣布立宪，"至于实行之期，原可宽立年限"。光绪三十二年七月（1906年9月），清廷正式宣布"预备仿行宪政"，同时又强调，由于"规制未备，民智未开"，所以不能"操切从事"，而要"视进步之迟速，定期限之远近"，这说明清廷根本没有打算实行立宪，只不过是妄图用"立宪"的招牌苟延残喘，继续维持封建专制统治。

光绪三十三年（1907年），康有为宣布将保皇会改组为中华帝国宪政会。九月，梁启超也与蒋智由等人在日本东京成立政闻社。他在《政闻社宣言书》中写道："所谓改造政府，所谓反对专制，申言之，则不外求立宪政治之成立而已"，表示了拥护清廷，"仿行宪政"的立场。梁启超甚至还明确宣称："政闻社所执之方法,常以秩序的行动,为正当之要求。其对于皇室,绝无干犯尊严之心;其对于国家,绝无扰紊治安之举"。

武昌起义以后,宣统三年九月二十六日(1911年11月16日),内阁总理大臣袁世凯组成"责任内阁",任命梁启超为司法次长。对此,梁启超感到十分欣慰。在他看来,自己和袁世凯是当时中国政治舞台上的两个关键人物,只要能够联合起来,那么社会就会出现转机。所谓"项城坐镇于上,理财治兵,此其所长也。鄙人则以言论转移国民心理,使多数人由急激而趋于中立,由中立而趋于温和,此其所长也"。

民国元年(1912年)十月,梁启超结束了长达14年的流亡生活,从日本回国。由于他声望很高,名声在外,所以回国以后受到许多人的热烈欢迎,他也决心利用这个机会做出一番事业来。但此时,主张实行议会政治的宋教仁组建了国民党,以期扩大力量,控制内阁。为了与国民党抗衡,梁启超也积极活动合并政党,他先是组建了民主党,民国二年(1913年)五月又与共和党、统一党合并为进步党,成为民国初期唯一能与国民党抗衡的大党。与此同时,梁启超还办报撰文,鼓吹集权,竭力为维护袁世凯的统治服务。特别是在"二次革命"爆发之后,梁启超利用他所控制的舆论工具,肆意诋毁革命党人,反对革命运动。他在《革命相续之原理及其恶果》一文中,以先觉者的口吻说道:"革命只能产出革命,决不能产出改良政治。改良政治,自有其涂辙,据国家正当之机关,以时消息其权限,使自专者无所得逞。"他把革命斗争说成是"暴民政治",攻击革命党人是"乱暴派",声称"暴民政治之祸,更甚于洪水猛兽",并公开表示他要以"'乱暴派'为第一敌,先注全力以与抗"。梁启超及其领导的进步党,为维护袁世凯的统治摇旗呐喊,因而得到袁世凯的赏识。民国二年(1913年)七月,袁世凯任命进步党的熊希龄为内阁总理,九月内阁组成,号称"第一流人才内阁",梁启超担任司法总长。

民国三年（1914年）一月，袁世凯在当上大总统后仅三个月，就下令取消国会。二月，熊希龄内阁倒台。尽管袁世凯改任梁启超为币制局总裁，但这难以引起梁启超的兴趣。十二月，他辞去币制局总裁之职，携家迁往天津。此后，袁世凯又任命梁启超为政治顾问，委派他考察地方司法教育事宜，梁启超都推辞未就。在此期间，梁启超与袁世凯保持着一种若即若离的关系，他既不满袁世凯的专制统治，但又对他寄予希望。对袁世凯接受"二十一条"和企图帝制自为的行径，梁启超是反对的。

由"二十一条"引起的政治风潮刚刚开始消歇，袁世凯就加快了恢复帝制的步伐，公开打出了复辟帝制的旗帜。到了这时候，梁启超对袁世凯彻底失望。面对全国已经蓬勃开展起来的反袁斗争，梁启超恐为"牛后"，终于发出了讨袁檄文。八月二十日，梁启超拒绝袁世凯的重金收买和武力威胁，毅然发表《异哉所谓国体问题者》，正告袁世凯之流不要"无风鼓浪，兴妖作怪，徒淆民视听而贻国家以无穷之戚"。与此同时，梁启超又与云南都督蔡锷密谋，积极策划武力讨袁。十二月二十五日，蔡锷在云南组成讨袁"护国军"，梁启超于民国四年（1915年）底从天津来到上海。他与蔡锷等人函电往来，帮助护国军拟定计划，起草文告；又与广西都督陆荣廷秘密联络，敦促其独立。民国五年（1916年）三月，梁启超应陆荣廷邀请，绕经香港、越南赶到广西，直接参加护国运动。五月六日，军务院在广东肇庆成立，梁启超任抚军兼政务委员长。在职期间，军务院的布告、文电大都由梁启超亲自执笔。

护国运动以后，梁启超就深陷北洋军阀的内部纷争之中了。民国五年（1916年）六月六日，袁世凯病死。之后，北洋派系的另一个军阀段祺瑞任国务总理，主持国务院事务，成为新的实权人物，梁启超很快就成为段祺瑞的支持者。他在给南方各都督司令的电文中说段祺瑞"宅心公正,持躬清直,维持危局,非彼莫属",否则"大局将不可问",要他们竭力予以援助。在北京政府宣布恢复《中华民国临时约法》,召集国会复会,并表示要惩办帝制祸首之后,梁启超便活动撤销军务院,以避免与北方对峙而发生冲突。在梁启超的一再催促下,军务院于七月十四日宣告解散,南北"合作",段祺瑞轻而易举地"统一"了中国。

梁启超一生致力于中国社会的改造,为了民族强盛和国家繁荣,竭力呐喊,四处奔走,付出了毕生的心血。然而他的政治主张却又因时而异,不断变化,前后矛盾。在维新运动期间,梁启超随康有为亦步亦趋,无论办报或教学,都注意用心阐述康有为的改良思想和变法理论。他以公羊三世说和西方进化论为依据,鼓动变法,讲求维新,宣传西方科学文化,充分显露了年轻爱国志士的朝气和锐气。戊戌变法的失败,使梁启超一度认识到要救中国,必须进行一次"破坏":"历观近世各国之兴,未有不先以破坏时代者。此一定之阶级,无可逃避者也。有所顾恋,有所爱惜,终不能成。"但是这种居于改良和革命之间的摇摆,在梁启超身上并没有维持多久,他仍然和康有为一道,鼓吹改良,主张"斥后保皇"。

当革命派和改良派的论战展开之后,梁启超又改变旧说,转而提倡实行"开明专制",试图与"革命"理论相对抗。使梁启超难堪的是,正当他还在口干舌燥地鼓吹开明专制,反对实行宪制的时候,清廷却正式宣布要"预备仿行宪政"了。以后,梁启超又高唱宪政,在立宪运动中扮演了重要角色。随着武昌起义的爆发,统治中国近270年的清皇朝已经行将就木,眼看革命派就要取得政权,共和之制势在必行,梁启超再一次改变了以前的政治主张,提出了"虚君共和"的口号。直到民国之后,这种多变的特征,在梁启超的政治生涯中依然体现,从拥袁到反袁,从护国到拥段总是一变再变,终于技穷。

民国七年（1918年）底，第一次世界大战结束，梁启超与蒋百里、张君劢（mài）等人前往欧洲。经过一年多的实地考察，使他了解到了资本主义国家存在的许多严重社会问题。他所崇仰的西方社会，他所宣扬的西方文明，原来也充满了弊端和罪恶。梁启超认识到："自从机器发明、工业革命以来，生计组织起一大变动，从新生出个富族阶级来。科学愈昌，工厂愈多，社会偏枯亦愈甚。富者益富，贫者益贫，物价一日一日腾贵，生活一日一日困难。""一百年物质的进步，比从前三千年所得还加几倍，我们人类不惟没有得着幸福，倒反带来许多灾难。"他由此认为西洋文明已经破产，拯救世界还要依靠东方"固有文明"，主张极力发扬传统文化。梁启超从一个旧世界的批判者，成为一个旧传统的提倡者，这种变化，不仅反映了他对资本主义社会的不满和失望，以及对新文化运动和马克思主义的忌恨与反对，而且也有力地说明，在近代中国，找不到出路的改良主义者，在时代浪潮的冲击和对社会现实的迷惘中，只能回转身来向中国传统文化复归，甚至把倒退看作是出路。

作为一名学者，梁启超在新史学、目录学、图书馆学等方面成就卓著。

梁启超是近代资产阶级史学的奠基人，是20世纪前期创建我国近代史学理论的代表人物。他前期发表的《中国史叙论》、《新史学》对中国几千年来的封建史学进行了较为系统和猛烈的批判，并且大呼"史学革命"。继此，他又撰写了一系列论著，构建其资产阶级的新史学理论体系，如《中国历史研究法》和《中国历史研究法补编》等，集中反映了梁启超的史学观及其突出贡献，并产生了广泛而深远的影响。戊戌变法失败后，他接连发表震动一时的《中国史叙论》和《新史学》，猛烈抨击封建史学，倡导"史学革命"，较系统地阐述了有关史学功用、历史哲学、治史态度和方法等一系列资产阶级史学主张。

梁启超一生于目录学的贡献。代表著作有《西学书目表》在分类、著录上有创新，类分学、政、教，实有"西学""政学"两类，这个分类体系，突破了被定为"永制"的四部分类体系，为近代西方图书分类法的输入和我国图书新分类法的产生开辟了道路。该目著录西学书籍400种，西政书籍168种，光绪二十二年（1896年）成书。其他目录学著作有《西书提要》《东籍月旦》《国学入门书要目及其读法》《读书分月课程》《东原著书纂校书目考》《要籍解题及其读法》《佛经目录在中国目录学之位置》《汉书·艺文志诸子略考释》等10余种。

梁启超对图书馆学有独到见识。他认为应建设"中国的图书馆学"，以现代西方的图书馆学理论施之于中国传统目录学的改造，即是目录学的科学化。积极倡导图书馆事业，民国十一年（1922年），发起建立"松坡图书馆"，出任馆长。民国十四年（1925年）中华图书馆协会成立，梁启超任董事部部长，并发表《中华图书馆协会成立会演说辞》，提出了他对中国图书馆事业发展方向的见解。后任京师图书馆馆长、北京图书馆馆长。欲编纂《中国图书大辞典》，相当于中国图书古今总志，"作古今典册总汇之簿录"，惜未完成就因病去世。其藏书颇丰，"海棠书屋""饮冰室"有书44470余册，2830余种，还有未刊稿本、私人信札、笔记等，梁廷灿等人编有《饮冰室藏书目初编》，著录古籍13000余种，其大量的藏书于民国十八年（1929年）全部移交给北京图书馆。北京图书馆特辟"梁启超纪念室"以志纪念。

梁启超积极参与、鼓动的"诗界革命"和"小说革命"，也不仅仅是文学史上关于文学体裁和作品风格的争论，他在《论小说与群治之关系》一文中明确指出："欲新一国之民，不可不先新一国之小说。""今日欲改良群治，必自小说界革命始；欲新民，必自新小说始。"可见其在文学领域所进行的"革命"，是与他的政治改良相辅相成的。

梁启超的文章风格,世称"新文体"。这种带有"策士文学"风格的"新文体",成为"五四"以前最受欢迎、模仿者最多的文体,而且至今仍然值得学习和研究。梁启超写于光绪三十一年(1905年)的《俄罗斯革命之影响》,文章以简短急促的文字开篇,如山石崩裂。梁启超的《少年中国说》一文,激励了几代人前行。

在书法艺术方面,梁启超早年研习欧阳询,后从学于康有为,研宗汉魏六朝碑刻。

· 第三部分 ·
政治学史话

一、外国政治学简史

外国政治学研究最早起源于古希腊,创始人是古希腊思想家亚里士多德,其所著《政治学》被公认为是西方政治学的奠基之作。从《政治学》开始,按照历史顺序,可以把国外政治学的历史发展大致分为四个阶段。

(一)古代的政治学

公元前5世纪,地中海沿岸分布着数百个奴隶制城邦国家,这些城邦国家的形成和发展,打破了原始氏族部落社会的血缘关系,瓦解了人与人之间的宗法关系,较早地建立了权利关系和契约关系,促成了城市文明、商业文明和海洋文明的形成与发展,这些都为西方古典政治学说的产生提供了沃土。正是在这样的背景下,古希腊的思想家柏拉图和亚里士多德撰写了《理想国》和《政治学》等著作,开辟了政治学研究的新领域。

柏拉图认为"最好"的政体是"正义之邦",即"理想国"。在这个规模不大的城邦国家中,分为三个等级,即哲学王、武士和劳动者。哲学王是治理国家的德高望重的哲学家,武士是保卫国家的,劳动者是进行生产的,这是柏拉图的理想政体。但如果这三个等级发生了混乱,理想政体的模式就会被打乱。在后期,柏拉图的思想发生了一些变化,他设计了"第二等好"的城邦,即采用混合政体以取代有可能导致专权的哲人政体;以恢复私有财产和家庭代替了理想国的公产公妻制;按照财产的多少而非天赋划分等级。

亚里士多德考察分析了150多个不同形式的城邦国家，从伦理和利益的角度，研究了国家的基本理论，即国家的起源、性质、目的和任务；研究了国家的政治制度划分的原则，并对各种政治制度进行了比较；研究了如何建立以及管理国家等问题，奠定了西方政治学研究的基础。

亚里士多德的观点可以概括为以下几个方面。

（1）国家的形成如同雌雄结合，是自然的产物。"早期各级社会团体都是自然地生长起来，一切城邦既然都是这一生长过程的完成，也该是自然的产物，这又是社会团体发展的终点。"在亚里士多德看来，国家是自然形成的至善的社会团体。

（2）伦理学研究个人的善，政治学研究人群的善，国家这一社会团体的目的在于达到最高尚、最广泛的"善业"。亚里士多德指出："政治学的善就是正义，正义以公共利益为依归。""城邦以正义为原则，正义恰恰是树立社会秩序的基础。"

（3）政治权力的分配制度即政体决定着城邦的异同。亚里士多德对各类政体进行了区分和研究之后，认为君主政体、贵族政体与共和政体能够照顾公共利益，其差别只在于掌握最高统治权的人数不同；而僭主政体、寡头政体和平民政体都只会为统治者谋利。

（4）最好、最易于实行的是共和政体，特别是以中产阶级为主体的共和政体最为稳定。

（5）政体发生变革基于人们对"正义"与"平等"的认识的分歧。寡头认为基于财产多寡的政治权力不平等是正义的，平民则认为基于人身自由的政治权力的平等分配才是正义的。

（6）私有财产和家庭是人本性和城邦的性质，不能取消，但要避免财富的两极分化。

（7）城邦要实行法治，并由有公民权的人轮流执政。

在亚里士多德的时代，古希腊的奴隶制城邦制度已面临严重的危机,所以,亚里士多德的任务在于努力维护并竭力赞美城邦制,把它看作是至善的化身;同时,他又在尽力寻找一种能够挽救奴隶制城邦的政体,认为以中产阶级为主体的共和政体是最稳定的,力图以此化解两个极端的矛盾,维持国家的稳定。

由此可以看出,古希腊的政治学说始于对国家问题的研究,因为它是以城邦国家作为研究和分析对象的;它强调政治的最高目的和价值取向在于特定的伦理道德,因为它认为政治是研究群体的善,国家的应然状态是至善的社会团体;它维护奴隶主统治和奴隶制国家。

在研究方法上,柏拉图和亚里士多德有所不同。柏拉图主要运用哲学思辨的方法,并且把政治与哲学、道德、教育以及家庭等问题糅合在一起,在他看来,政治学就是伦理学;亚里士多德主要运用比较分析的方法,通过对150多个城邦国家的比较,研究了不同的政体类型,并开始把政治学与伦理学分开,使政治研究的概念趋于系统化。所以,在方法论上,以柏拉图为代表的哲学思辨研究方法和以亚里士多德为代表的实证比较研究方法,奠定了外国传统政治研究方法两大倾向的基础。

(二) 中世纪的政治学

欧洲的中世纪有两个明显的特点,一个是封建性,其经济基础是封建领主占有生产资料;另一个是宗教性,教会是最大的封建主。所以,在欧洲中世纪,占统治地位的思想是神学,一切科学都成为神学的奴婢,政治学也不例外。这个时期的政治学说是神学政治观,其代表人物是奥古斯丁和托马斯·阿奎那。

奥古斯丁的主要政治思想是"双国论"。其内容大致是这样的:世界上存在着两个国家,即神国和俗国,神国是上帝之国,俗国是地上之国。神国是光明的、永恒的,它由上帝的选民组成,代表是教会;俗国是黑暗的、短暂的,它由上帝的弃民组成。在末日审判时,神国会享受永生幸福,而俗国将要遭受永世的苦难。

托马斯·阿奎那的政治思想主要如下：

(1) 关于国家的思想。他认为上帝是万物的源泉和归宿，所以，信仰是高于一切的。那么，现存的一切都是合理的，包括奴役制和等级制，这些都是天意。他说："一切现存的事物都是由神安排的，天意要对一切事物贯彻一种秩序。"所以，在他看来，国家既是源于人的自然本性，更是上帝的创造。

(2) 关于政体问题。他认为最好的政体是君主政体，因为它能促进社会福利，但是这一职责的完成必须依靠神的统治，神在人间的代理是教会，所以，君主必须服从教皇。公民完全有权力在教皇的支持下杀死暴君。

(3) 关于法的思想。他认为法律的目的是合理安排公共幸福，这根源于人的本性，但究其本质它仍是上帝的意志的体现。所以，他认为法的本质是受理性节制的意志。他把法分为永恒法（上帝之法）、自然法（上帝之法在人类中的表现）、人法（国家法）、神法（教会法）四种，并认为永恒法是一切法律的源泉，它代表着上帝对宇宙的统治规则，其他的人的法律都必须服从上帝之法。

总之，中世纪的政治学说的基本特点就是鼓吹信仰高于理性，以宗教教义作为判别是非的标准；强调君权神授，认为教权大于王权，给王权也加上了神圣的光环；主张神创等级制，以上帝创造万物为借口标榜封建等级秩序的合理性；在研究方法上，早期的研究多诉诸神秘的直觉，后期即阿奎那时期则运用哲学的严密思维，采用抽象的概念分析方法，推导上帝的存在，论证国家、政体以及法的政治思想。

(三) 近代的政治学

14世纪，欧洲封建社会内部孕育了一种新型的生产关系，即资本主义生产关系，伴随着这种生产关系的发展，一个新的阶级——市民阶级迅速兴起并不断走向壮大。新的生产交换方式和新的阶级的利益要求与封建神权政治发生了尖锐的对立和严重的冲突。新兴资产阶级开始要求自己的政治权力，并对政治和国家问题发表自己的看法。16世纪的资产阶级文艺复兴运动代表着资产阶级思想革命的先声。在这场运动中，近代资产阶级政治学说得以脱颖而出。资产阶级伴随着资本主义生产的发展，对政治有了更多的认识和要求，提出了很多不同的政治思想。下面就以时间为顺序，把近代政治学说的发展分为三个阶段，并分别进行说明。

1. 16世纪文艺复兴时期的政治学说

这个时期的政治思想家的主要代表人物是马基雅维利和博丹。马基雅维利是近代西方政治学的奠基者，他的《君主论》从人性出发，而不是从上帝出发研究社会政治。在方法上是以事实和经验为依据，而不再采取经院教条式的推理。马基雅维利的国家学说是基于他的人性恶理论。在他看来，既然人性是恶的，那么，只能依靠强有力的君主专制制度来实现社会的稳定。君主权力的基础是军队和法律，为了达到政治目的，君主可以不择手段，可以不受任何道德约束，他甚至强调成功的君主要同时具备狮子和狐狸的功能。所以，在马基雅维利看来，国家的职责是阻止人类因贪欲而引发的无休止的争斗，最终目的是建立秩序。马基雅维利认为理想的政体是共和政体。

博丹是近代资产阶级主权理论的创始人，其政治思想主要有以下几方面：一是主张以人的眼光研究国家问题；二是提出了主权理论，他认为国家主权是指一个中心（或是一个君主，或是一个集团）握有至高无上的权力，它是一种永久性的绝对权力，对于公民和臣民而言，它是不受法律限制的最高权力，政府可以更换，主权永远存在。国家主权通过法律得以体现，并维护社会稳定，使国家合法化；三是以主权的归属作为依据，将政体划分为民主制、贵族制、君主制三种类型，赞美合法的君主制政体是最稳定、合理的形式等。

这一时期的政治思想家的思想充分反映了时代发展的要求。例如，他们开始尊人重世，开始以政治权力作为研究的核心取向，使政治学独立于伦理学之外，开始运用经验实证方法进行研究，等等。这些都是新兴资产阶级对封建神学政治学说的突破，当然他们的思想也带有阶级局限性的一面，例如马基雅维利的政治权术论为达目的，可以采取任何手段等，是资产阶级利己主义的典型表现。

2. 17—18 世纪的政治学说

这个时期是外国政治学的繁荣时期，由于资本主义生产方式的进一步发展，资产阶级逐渐取得了经济上的统治权，进而在政治上也要求取得相应的统治权，于是资产阶级政治革命开始提上欧洲社会发展的日程，这给西方政治学的发展以极大的推动力。一大批欧美思想家纷纷著书立说，阐发自己对政治的认识，丰富、发展了西方政治学说。主要代表人物有荷兰的格劳秀斯、斯宾诺莎，英国的霍布斯、洛克，法国的伏尔泰、孟德斯鸠、卢梭，美国的潘恩、杰斐逊、汉密尔顿等。

格劳秀斯的政治学说主要有自然法、主权理论和国际法三个重要组成部分。他认为：自然法的基础是自然和人的理性，它体现了正义和公正，用以维护社会安定，从而反驳了神的意志的至高无上性；在主权问题上，提出主权是自己的行为不受其他权力的限制，也不能被其他人的意志视为无效的一种权力。但同时，为了论证资产阶级统治的必要性，他反对"主权在民"的思想，认为这样会导致国家的混乱和秩序的破坏；在国际关系方面，他主张拥有独立性的主权国家是国际活动中的行为主体，国际行为受国际法约束，国际法以自然法为基础，规范调整各国之间的关系，维护国际秩序。

斯宾诺莎的政治思想理论基础是人性论，认为生存权是人性的根本原则，是人的最高的自然权利。其主要政治思想有国家论、政体论、自由论。国家是人们为保证生存的安全，通过理性地建立契约而形成的，所以，国家权力必须强有力，才能保证人的生命和社会的安全；最符合人的自由的最自然的制度是民主政体，但要格外注意民众的冲动情绪，这有可能会破坏民主；思想和言论是自由的，是每个人的不可转让的权利，但它们必须受法律的限制，不能危及统治者的权威和国家的安全。

霍布斯认为国家权力的握有者即主权者的权力是由人们通过契约赋予的，这种权力一旦被赋予，就具有绝对性。

洛克的政治思想主要是建立在自然法和社会契约论基础上的天赋人权思想。他认为，人们的生命、自由和财产作为与生俱来的自然权力是不可转让和剥夺的，其中，财产权是核心，具有神圣不可侵犯性；政府的存在价值是为了保护私有财产，因此政府权力应是有限的；为了保证国家实现其民主，防止专制，应当把国家权力分为立法权、执行权和对外权，对每一种权力进行严格限制。洛克第一次系统地论述了天赋人权的理论，奠定了自由主义的基本原则。

孟德斯鸠的政治思想基础是"法的精神"。它代表了历史必然性和客观规律性，具体指国家的法律、政体、自然环境、社会方式、宗教习俗等因素之间的关系。他进一步发展和完善了洛克提出的分权学说，系统论述了三权分立思想。他主张按照立法、司法、行政三权分立的原则来组成国家机构，其中，议会行使立法权，君主掌握行政权，法院专管司法权，利用权力之间的相互约束保证权力不被滥用。他认为，只有实行依法治国，才能实现这一目的。

卢梭作为法国启蒙思想家，强烈抨击私有制，认为封建专制制度是私有制发展的顶峰。他提出了"人民主权学说"和"社会契约论"，主张在新社会契约基础上建立人民主权的、实行法制的资产阶级民主共和国。

18世纪美国的政治活动家代表人物有潘恩、杰斐逊和汉密尔顿，他们的政治思想有以下共同的特征：运用欧洲现成的政治理论为美国的政治实践服务，较少进行抽象的理论论证，多具有务实性；著作较少鸿篇巨幅和系统严谨，多以小册子、政论文、文件等形式出现；围绕着美国独立和建立联邦制共和国展开论述；运用欧洲流行的自然权利理论论证每个人在追求幸福的能力和机会上是平等的；将权力平衡作为构建联邦政府的基本原则，认为按照这一原则建立的联邦政府才是完美的政府。但他们的思想又各具特色，从不同的角度对西方政治思想进行了发挥和创新，做出了自己的贡献。

潘恩是西方政治思想史上第一个阐述天赋权利与公民权利关系理论的思想家，认为"天赋权利就是人在生存方面所具有的权利"，公民权利则是"人作为社会一分子所具有的权利"，前者是后者的基础，后者的实现必须依靠国家、政府或法的力量。

杰斐逊是美国资产阶级民主传统的奠基人，他的民主自治思想和其他民主思想相比更为具体，更具现实性。为保证人民自治的实现并防止暴政，他提出了限制中央政府权力、中央和地方分权治理以及人民参政等原则。

汉密尔顿政治思想的特色是他的性恶论和精英论。性恶论以人性的自私为依据论证了依靠强有力的中央政府维持国家秩序的必要性，这是对霍布斯观点的继承和发展；精英论则把富人和有地位的人排除在人性恶的范畴之外，从而肯定了政权应该由这部分人来掌握的合理、合法性。

这个时期的政治思想基本上是以人性论及自然法为理论基础，结合政治实践的需要，进行政治制度的构建和政治方案的设计。尽管这些政治学家所论述的角度和问题各有侧重，其政治态度也有激进和保守的区别,可是作为资产阶级政治思想家,他们的政治思想具有一定的共同性,主要表现在:强烈、全面地批判封建专制的政治制度和社会观念;从人性论的角度出发创造了自然法学说,强调每个人生来都是平等的,进一步揭批神权以及封建等级制;肯定人们对正义、平等、自由、民主、幸福的追求,形成正义论、平等论、自由论、民主论、天赋人权等理论;认为国家是人们缔结契约的结果,契约一旦生效,国家权力至高无上;分析政治权力的类别、特性和功能,提出了配置政治权力、构建政体的若干原则;重视法的作用,主张要依法建国,依法治国,按照法处理主权国家之间的关系;正义、平等、自由、民主等权利的实现必须依靠法律的保障,同时,这些权利的活动范围也必须以法律为边界;这些思想学说的本质是自由资本主义的经济和市场规则在政治思想上的投射。

3. 18世纪末到19世纪中期的政治学说

这个时期,资产阶级革命的任务在欧美已经基本完成,资产阶级在政治上已成为统治阶级,同时,随着无产阶级的成长和壮大,资产阶级和无产阶级之间的矛盾已上升为社会的主要矛盾。资产阶级面临的主要政治任务是维护并实现自己的利益。历史主题的变化使得西方政治学的研究主题也发生了相应的转变,从阐发和倡导资产阶级的平等、民主等价值观转向了论述和分析资产阶级个人利益和政治权力之间的关系、资产阶级利益和社会之间的关系,于是,一些政治学家开始运用社会学的世界观对这些问题进行研究。代表人物有边沁、密尔、孔德、斯宾塞。

边沁的政治思想建立在功利原则基础之上,他认为:欢乐和痛苦是人类的两大主宰,求乐避苦是人的本性,是人的一切行为的始因和目的;幸福的内容是生存、富裕、安全和平等;每个人的利益和幸福的实现将促进整个社会的利益和幸福的发展,因而追求个人利益和幸福是正当的;评判国家制度和法律的唯一标准是看其能否增进最大多数人的最大幸福；反对天赋权利论、社会契约论以及自然法理论，认为国家是一种恶，它会限制个人的自由，主张奉行国家放任主义，对经济生活毫不干涉；认为应实行法制和分权的代议民主制；提出了改革议会的一系列主张，如由立法权控制行政权、议员不担任行政职务、议员不受政府控制、扩大成年男子选举权等。这些政治思想奠定了边沁作为功利主义学派主要代表的地位，他的议会改革方案直接成为1832年英国议会改革的指导原则。

密尔的"自由论"是其政治思想的核心，主张要维护个人的自由和个性的发展，提出不仅要反对国家的压迫，保证政治自由，还要反对社会习俗和舆论的奴役，维护个人在社会生活中的自由。他指出：个人自由并不是绝对的，个人行为只要不涉及他人利益，就拥有完全的行动自由而无需对社会负责；当个人行为危害到他人利益时，这种行为应受到社会控制，个人也要受到社会或法律的相应惩罚。他还第一次从更广阔的社会领域探讨自由并对个人自由与社会控制的关系进行了界定。另外，密尔还发展了边沁的功利理论，对传统自由主义的放任原则进行了修正，认为放任原则的实施应有一定的限度，国家的干涉有其积极作用，可以为人们提供更多创造幸福、追求自由的机会。在政府理论方面，密尔阐述了资产阶级议会民主制的一般原则和具体问题，认为议会具有控制政府和批评政府两大职能，强调议会民主制中知识的作用和智力的权威，推崇"杰出人物"的统治，等等。晚年的密尔还一度主张将自然资源、矿山、铁路国有化，提出"有限度的社会主义"等主张。密尔的政治思想体现了传统自由主义向现代自由主义的过渡，是英国自由主义思想发生重大变化的标志，其本人也成为自由主义思想史上最具影响的代表之一。

孔德是实证主义的创始人，其政治思想主要由实证主义体系和社会团结思想组成。实证主义体系方面，指出科学的知识必须以"实证的事实"即经验的事实和经验的现象为基础,现象以外的本质和终极原因是不可能被认识的。主张把人类认识的发展分为神学、形而上学和实证学三个阶段。与此相适应,人类社会的发展应分为神学的军事时代、形而上学的法学时代和科学的工业时代三个阶段。所以,孔德认为以往的政治学都是以想象为基础的臆测的政治学,主张建立以观察为基础的实证政治学。在社会团结思想方面,他指出社会起源于人的社会本能,社会的精神权利应由科学家来行使,世俗权力应由资本家集团掌握,政府的职责主要在于培养并提高人们的社会感情,保证社会的秩序和进步,实现社会的和谐与团结。孔德的实证主义思想广泛流传,对现代政治学产生了深远的影响。

斯宾塞用自然科学概念解释人类社会现象,提出了有影响的社会进化论和社会有机体论,这是其政治思想的核心。他指出:人类社会在本质上是一个有机体,不同阶级之间的协作是人类共同生活的基础,从而形成了社会的均衡状态;生物竞争原则完全适用于人类道德规范,优胜劣汰是人类道德的体现。所以,他认为资本主义社会是社会进化的最高阶段,是最完美的社会。以社会进化论和有机体论为基础,斯宾塞认为国家和政府是社会进化的必然结果,国家是一种自然单位即个人的合成物,个人合成的唯一法则是平等自由的法则,即每个人的自由只受到其他人获得同等自由的必要的限制,以此发展了自由主义思想家的最大幸福原则。他用自由放任主义的观点看待国家和政府,认为政府是一种必要的恶,但又主张政府作为有节制的必需品,应尽可能少地干预经济,以避免自然规律的选择失去作用。

这一时期的政治思想集中反映了工业资产阶级自由发展商品生产和商品交换的要求,通过确立功利主义和自由主义的思想理论依据,运用社会学世界观,借助自然科学的概念、逻辑和方法,把西方政治学推进到了一个新的发展阶段。当然,在这一时期，随着资本主义运动的展开、资产阶级和无产阶级矛盾的凸显，无产阶级的利益和政治要求也逐渐凝结成了自己的政治学说，这就是以法国的圣西门、傅立叶和英国的欧文为代表的空想社会主义政治学说。这些政治思想主要揭露现实社会的弊端，批判资本主义私有制，期望通过社会变革达成社会的进步与和谐。变革计划包括诸如建立社会公有、共同劳动的共和国等。这些学说成为马克思主义政治学说的重要思想来源。

（四）现代政治学

外国政治学在现代出现了重大的改变，政治研究随着实证研究方法的兴起开始背离了传统的研究风格和结构，转向学科发展，主要体现为研究对象和研究方法的转变，出现了新的方法论格局。原来广义上的政治学一分为二：一是从传统政治研究中分化出行为主义政治学，即所谓的"政治科学"；二是由传统政治研究承续和深化而来的当代西方政治思潮。政治科学后来居上，在当代西方政治学中占据了主导地位。

现代国外政治学从1880年作为一门学科在美国获得独立地位开始，已经历了100多年。其发展可分为两个时期：

1. 现代政治学的形成与发展

1880年以前的国外政治学，主要是以一般政治原理和政治规律为内容，如国家、政体、主权、公民、制度和统治等，当时政治学术中心在欧洲，政治研究中的法学和社会学观念对后来的政治学影响深远。1880年10月，在美国学者J. W. 柏吉斯的倡导下，美国成立了"哥伦比亚大学政治研究院"，开始培养政治学博士和进行具有学科意义的政治学研究。一般学者都以此作为现代政治学学科独立的标志。此后政治学课程开始在美国普遍开设，许多大学成立了政治系和研究院。1886年第一个定期出版的政治学刊物——《政治学季刊》，在哥伦比亚政治学院创刊。1903年，美国政治学会成立不久，《美国政治学评论》创刊。至此,现代意义的政治学大体上形成。美国政治学会成立之前,德国国家学传统一直在美国政治学中居主导地位。欧洲其他国家如法国和英国的政治学对美国政治学也有重大影响,美国当时流行的历史比较研究方法就是从欧洲学来的。随着政治学在美国的发展,它逐渐美国化了。第一次世界大战前后,现实主义研究方法向以历史比较研究方法为代表的历史主义研究方法挑战。接着,出现了"新政治学运动",提倡科学主义的政治研究方法,主张采用社会学、心理学和统计学的方法来改革政治研究,认为价值判断有碍科学的政治分析,应当摒除。"新政治学运动"为第二次世界大战后行为主义政治学开辟了道路。这时芝加哥大学继哥伦比亚大学之后,成为美国又一个政治学术中心,形成了芝加哥学派。同期的欧洲政治研究仍基本上承袭传统的研究方法,虽然在政治理论和政治社会学方面发展较快,但对科学主义的研究方法持不赞成态度,在学科专业设置、研究内容、研究方法上颇为保守。

2. 现代政治学的兴盛

第二次世界大战后,西方国家的政治学研究获得了巨额资金援助,研究机构和教育机构普遍设立,学者和学生队伍扩大,刊物、专著大量问世。行为主义政治学的迅速崛起是战后政治学在西方国家尤其是美国发展的最大特征。行为主义政治学反对传统的制度研究方法,注重创立经验方法。它认为政治学应该成为一门能对政治现象进行解释和预测的科学,而要达到这一目的就必须对实际政治行为进行观察和进行资料收集,并在此基础上进行学科分工合作,运用纯经验的定量分析等技术手段。行为主义政治学重视理论框架和模式的确立以及从宏观角度对政治行为进行理论概括,这使系统论、控制论和信息论在政治研究中得到广泛运用,并由此产生了政治学中的一般系统理论、结构功能理论、沟通理论。它强调运用技术手段和借用其他学科的方法和成果,使政治学与其他传统学科之间互相渗透和深度融合，由此产生了政治社会学、政治心理学、政治人类学、生物政治学等边缘和交叉学科。由于它强调研究问题，使政治学在培养实际业务和构筑技术性知识体系方面有很大发展。行为主义政治学也推动了当代政治学一些综合性理论的发展，如比较政治、政治文化和政治发展等理论。20世纪70年代以后，行为主义政治学进入了相对萧条的时期，它过分强调技术手段、忽视价值因素的倾向受到批判。人们开始反省行为主义政治学专注纯粹学术而丧失了价值方向的缺点，提出"政治学的新革命"的口号，即主张政治学的再理论化、再意识形态化。在这种情况下，一些传统的研究方法重新得到承认，政治理论重新抬头，当代政治学进入了后行为主义政治学时期。

二、 中国政治学简史

中国古代的政治研究萌发于夏、商、西周时期。当时的政治思想基本上是一种神权政治观，它的一个基本内容是从神、天意、巫术的角度来论证统治的合理性。春秋战国时期，随着奴隶制生产关系的解体以及激烈的社会变革，政治研究及政治思想逐步摆脱神权政治观的束缚，转向对人事的研究，即对现实社会政治实践的研究，出现了"百花齐放、百家争鸣"的局面，形成了堪称一流的中国古代政治研究传统，与古希腊的政治研究成就相互辉映。诸子百家主要流派有儒家、法家、道家、墨家、名家、兵家、阴阳家、纵横家等，这些派别都各具有丰富的政治思想，其中尤以儒家、法家的政治思想成就最大。

公元前770年到公元前221年，是中国历史上的春秋战国时期。这一时期，出现了诸侯争霸、群雄逐鹿的政治局面，旧的政治秩序遭到破坏。这种社会政治的大变动，为政治学说的发展提供了良好条件。因此，在这一时期出现了"百家争鸣"的局面。诸子百家围绕着"神"与"人"，"礼"与"法"，"君"与"民"，"君"与"国"的关系以及统治手段等问题各抒己见，形成了以孔孟为代表的儒家（孔子、子思、孟子是主要代表人物），以商鞅、韩非为代表的法家，以老庄为代表的道家，以墨子为代表的墨家以及阴阳家、名家等研究的主题涉及政治哲学——仁、礼、法、道、势等范畴以及天与人、义与利、君与臣、君与民等方面的关系；理想社会——如孔子的"天下归仁"的"有道"之世，孟子的丰衣足食的"王道"世界，墨子的"兼爱"与"尚同"社会，老子的"小国寡民"社会，韩非的"法治"社会等；治国方略关于政治统治和社会管理的法规、政策、战略与策略；以及权力的获得、保持和运用等。与古希腊时代的政治研究相似，春秋战国时期所形成的中国古代政治研究传统主要是政治伦理及政治哲学方面，强调的是对"至善"、理想社会、正义的生活的追求；尽管其中不乏经验研究的基础，但基本上属于思辨研究。

总而言之，中国古代关于政治的研究主要围绕君主的"治国之道"而展开。儒家政治学说以"礼治"和"德治"为主要内容，其核心是"仁政"，主张为政以德，修己治人，即以道德教化、修身养性来实行统治，反对以苛政、刑律治天下。法家则反其道而行之，强调以"法""术""势"为核心的政治观，主张以明令显法和统治术来驾驭人民。儒家和法家的主张分别形成了中国历史上的"王道"和"霸道"学说；道家的政治学说以"法自然"为思想核心，在统治手法上强调"无为而治"；墨子的政治学说则以"兼爱""非攻"为中心，主张以缓和社会矛盾来维持统治。这些学说，不仅为中国古代社会的后世统治提供了理论基础，而且把中国政治学说从论证统治的合法性为主要内容推进到了以阐述如何进行统治为主要内容。

秦汉到晚清，中国中央集权的君主专制政治延续了2000多年。公元前140年汉武帝在位时，为了维护中央集权的专制统治，董仲舒改造孔孟创立的儒家学说，一方面，糅合各家学说的观点；另一方面，再次把它与神的意志相结合，提出"罢黜百家，独尊儒术"的主张，开始使得儒家政治学说具有独一无二的地位。及至宋朝，经过程朱理学的完善，儒家政治学说更加臻于精巧和成熟，成为中国传统社会的统治思想。

在2000多年的历史演变中，儒家学说成为与中央集权的君主专制体制最相匹配的政治意识形态。它为以皇权为核心的帝国权威和政治结构提供正当性论说。在儒家思想的主导下，政治研究的核心不是选择何种政体来组建国家,而是在君主统治下如何治理国家。因此,中国古代政治研究所形成的成果,主要是有关治国平天下的道理,即所谓的"治国之道",其中心内容是如何处理君臣、君民关系以维护中央集权的专制统治。

1840年鸦片战争以后,随着外国资本主义的入侵和君主专制制度的衰败,中国陷入空前危机,逐渐沦为半封建半殖民地社会。随着社会结构和政治力量的变化,中国社会政治思想出现巨大分化,政治研究出现新的转机。

晚清统治者中的"守旧派",囿于统治利益和惯性行为模式,企图继续以儒家政治学说作为其精神支柱,维持其君主专制和家族统治。但是,面对内外交困的局面,他们也不得不退却,实施所谓"新政",并于1905—1906年先后派遣两个代表团前往欧洲考察西方国家政治体制。统治阶层中的开明人士,即所谓的"洋务派",积极推动"中体西用"的"洋务运动",以求"师夷之长技以制夷",但因传统政治架构和制度掣肘,也因多重力量纠合挤压,其政治意图最终未能达成。

民族危机极大地激发了进步人士的政治研究热情。一方面,他们努力从传统中开发革故鼎新的思想资源;另一方面,试图从西方政治思想和政治制度中寻找富国强兵之道。在一度掀起的学习西方的热潮中,涌现出康有为、梁启超、谭嗣同、严复、章太炎等为代表的"革新派"。他们通过著书立说、翻译名著,甚至改革实践,介绍和倡导西方现代政治学说和政治主张,设计中国的政治蓝图。例如,严复翻译了赫胥黎的《天演论》、斯宾塞的《群学肄言》、甄克斯的《社会通诠》、孟德斯鸠的《法意》等西方政治学著作,对中国政治学的研究有着重要影响;梁启超对中国政治走向提出设想,认为君主专制政体、君主立宪政体和民主宪政政体代表政体的进化方向,通过改良途径建立君主立宪政体是中国未来政治的发展方向。

1898年（光绪二十四年），也就是戊戌政变这一年的12月，在北京成立了京师大学堂，它就是北京大学的前身（1912年改名为北京大学）。

戊戌变法，虽以六君子遇难而告终，但兴学堂、开书局、办报纸的维新风气，却不可遏止。这时，政治学在西方也开始成为一门独立的科学。以《政治学》《政治学史》命名的著作，在欧美及日本均陆续出版。中国维新之士及时地将其翻译过来在中国传播。据统计，从1901年到1904年间，中国翻译印刷出版西方政治学的专著就有66种之多。其中，美国伯盖斯所著《政治学》就有"译书汇编"社和上海作新社两种中译本；此外，还有英国赖烈的《政治原论》，美国威尔逊的《政治泛论》，日本小野冢喜平次的《政治学大纲》，以及日本浮田和民的《政治学史》，等等。

1898年"维新运动"失败，主张通过渐进改良实现君主立宪的"革新派"受到重创。以孙中山为代表的"民主派"，主张通过革命推翻清朝家族专制统治。建立民主共和国，实践民族主义、民权主义和民生主义的"三民主义"的民主共和理念，并实施了"五权宪法"和军政、训政、宪政的建国方案。他们发动数次革命，最终于1911年推翻清王朝的专制统治，建立民主共和国——中华民国。

分合交替、王朝循环是传统中国社会的发展逻辑。民主共和国的建立是中国走出这种传统发展逻辑的第一次尝试。但是，由于社会对民主宪政的权威缺乏共识，结果，旧权威的垮台反而造成统一权威的缺失。中国地方各派政治势力展开角逐。中国历史进入军阀割据和混战时期。

1903年，京师大学堂的课程共分八科，其中就包括"政治科"。这是中国在大学中开设的第一门政治学课程。随后，陆续兴办起来的大学都设立了政治学系。到1948年为止，据不完全统计，在当时全国 100 余所大学中已有 40 几所大学设立了政治学系，培养政治学专业人才。这时期出版的政治学专著，比较著名的有：张慰慈的《政治学大纲》，高一涵的《政治学纲要》、邓初民的《新政治学大纲》、钱端升的《中国政府》、萧公权的《中国政治思想史》和浦薛凤的《西洋近代政治思潮》，等等。其中邓初民的《新政治学大纲》是较早运用马克思主义理论来研究政治学问题的较有影响的著作。此外，中国的政治学者们还于 1932 年在南京成立了中国政治学会。并分别在 1935 年、1936 年和 1942 年召开过三届年会，至 1946 年，拥有会员 140 人。当时积极发起建立或参与活动的中国政治学会的老一代政治学家有王世杰、钱端升、浦薛凤、周鲠生、萧公权、张汇文、张奚若、钱昌照、许德珩等。

1917 年俄国十月革命，给中国送来了马克思主义，也催生了由共产主义者所组成的"革命派"力量。1920 年《共产党宣言》汉译本问世，在当时中国知识分子群体中产生了深远影响。早期的马克思主义者李大钊、陈独秀等人在中国传播马克思主义，瞿秋白、张太雷、恽代英等人在上海、广州等地讲授马克思政治学的基本内容。邓初民在 20 世纪 20—30 年代先后编著了《政治科学大纲》和《新政治学大纲》，以马克思主义世界观和方法论为指导，全面系统地阐述了阶级、政党、革命、国家、政府等政治范畴的基本原理。王亚南的《中国官僚政治研究》则以马克思主义理论和方法对中国政治问题展开研究。以毛泽东为代表的中国共产党人，则进一步把马克思主义政治观运用于中国革命实践，形成了具有中国特色的马克思主义政治学说。毛泽东所撰写的《中国社会各阶级分析》《新民主主义论》《论联合政府》《论人民民主专政》等著作成为主要代表作。

总体来说，1949 年以前，中国政治学的教学与研究曾经取得了一定成绩，出现了一批著名学者，出版了一些有价值的著作，也培养了一些政治学方面的专业人才。但是当时在政治学的教学与研究中，存在着两个问题：第一，介绍西方的研究成果多，对中国问题研究得少，特别是研究中国现实政治问题的就更少。第二，培养出来的学生，除去极少数幸运者毕业后有机会出国深造，回来在大学找个教职教政治学外，其余大部分在政治学的教学与研究方面找工作非常困难。

1949年，中华人民共和国成立之初，夺取政权的任务已经完成。当时国家面临的迫切问题，首先是如何建设一个稳定的、高效能的社会主义政权体制。既然中国有着自己的历史、社会和文化传统等方面的特殊条件，显然，只是照搬苏联的现成模式并非善策，而且当时已经可以看出"苏联模式"本身也存在着不少弊端，这时，在国内正需要大力开展政治学的研究。政治学借此时机，理应大有用武之地。然而当时的高等教育体制以当时苏联的高教体制为蓝本，于1952年取消了大学中的政治学系科。与此同时，政治学在新中国，也不再作为一门独立学科而存在了。

当时我国几十所大学的政治系都是在1952年一起取消的。到了1960年，中苏两党的争论公之于世，中国感觉到需要大量对马列主义有较好的理解，并能宣传马列主义的理论家，因此全国不少大学，包括北京大学在内，又重新建立了政治学系。但这时建立的政治学系，主要是讲授马列主义基本理论，并不涉及政治学广阔领域的其他方面问题。

到了1964年春天，根据中央关于加强外国问题研究的决定，又把北京大学、复旦大学和中国人民大学的三个政治学系改成了三个国际政治系，任务是培养关于外国政治问题的教学和研究人才。

从1957年开始的"左"的错误泛滥的结果，导致了于1966年6月的"文化大革命"爆发。这一场历时十年，波及960万平方公里土地，使社会主义中国在精神上和物质上皆损失惨重的空前浩劫,终于在1976年10月以粉碎"四人帮"反党阴谋的方式宣告结束。人们欢欣鼓舞,热烈状况与1949年中国共产党在全国取得政权,宣告全国解放时差不多。因此,许多人特别是知识分子习惯称之为第二次大解放。

打倒"四人帮"后,痛定思痛,出现了一系列现实问题被提出来需要认真回答,而这些问题绝不是背几句教条就能敷衍了事的。例如:为什么会出现"四人帮"?"四人帮"是坏人,但把"文化大革命"这样一场有史以来的空前浩劫,只归罪于少数坏人的行为,当然不是一个马克思主义者应有的回答,显然,还应该去寻找更深刻的历史的、社会的、思想意识上的以及体制上的原因。总之,现实生活提出了一系列急待解决的问题要求给予科学回答。这些问题,包括理论方面和思想意识形态方面的,也包括体制方面和行政管理方面的,它们大多属于政治学研究的范围,于是恢复政治研究的问题就在这种情况下被提出来了。1983年3月,邓小平在党的理论工作务虚会上的讲话中提出了:"我并不认为政治方面已经没有问题需要研究,政治学、法学、社会学以及世界政治的研究,我们过去多年忽视了,现在也需要赶快补课。"这样,1983年3月后中国政治学才得以恢复。中国恢复政治学研究,是从重建中国政治学会开始的。中国政治学会的重建,是中国政治学发展史上一个重要的里程碑。

全国性政治学会成立后,各省市相继成立了地区性的政治学会。此后,不断召开各种政治学专题研讨会,开展国内外学术交流。接着,中国社会科学院和若干地方社会科学院也相继建立了政治学研究所。中国政治学会重建后,北京大学、复旦大学和吉林大学等近20所高等院校相继建立了政治学系,培养政治学专业的本科生和研究生。其中,政治学理论的国家重点学科北京大学、复旦大学、吉林大学、南开大学、天津师范大学、厦门大学、武汉大学等高校设立了政治学理论的博士点。

1984年4月，中国政治学会正式成为国际政治科学协会（IPSA）集体会员。1985年7月，中国政治学会派出代表团参加在巴黎举行的国际政治科学协会第13届世界大会，代表团团长赵宝煦教授当选为该会第13届执行局委员。1988年8月在华盛顿召开的第14届IPSA世界大会，中国代表胡奇安教授接替赵宝煦教授任该会执行局委员，并当选为副主席。

政治学理论学科恢复以后，相关译著纷纷问世，但报刊的数量不多。中国政治学会与中国社会科学院政治学研究所，自1980年起陆续编印《政治学参考资料》，介绍国外政治学相关研究状态。在此基础上，于1984年创刊《国外政治学》杂志。1985年中国社会科学院政治学研究所创办了《政治学研究》杂志，《国外政治学》被认为是中国政治学者了解国外政治学的一个重要"窗口"，《政治学研究》则是中国创办的第一种政治学专业学术刊物。这两份刊物当时都很受学者欢迎，但是在1989年同时休刊。《政治学研究》于1995年复刊。同样极受读者欢迎的上海《政治学信息报》，则早在1988年就停刊了。

40多年来，中国政治学著作的出版量很大。首先，是政治学教材，在政治学基本理论方面的，如《政治学概论》《政治学原理》《政治学基础》等，至今已先后出版五六十部。此外，如政治思想史、政治制度史、中国政府、外国政府，以及各种专题等，也配合教学需要而相继出版。其次，是各种专题，如政治体制改革问题、权力制衡问题、民主法治问题、政治发展问题、人权问题、决策问题、现代化问题、市民社会等，种类及数量都很可观。

40多年来，我国大量翻译引进外国政治学领域的名著和新理论、新思潮，它们对于中国政治学的发展，也起了很有益的作用。1992年9月，《中国大百科全书》的《政治学卷》正式出版。这部书集全国老、中、青年政治学者，费时七八年之久，撰写了 1000 多词条，共约 160 万字。该书的出版，实为中国政治学界一大盛事。

自从中国政治学恢复成为一门独立的社会科学以来，在 40 多年中，已经有了相当大的发展。主要表现在学科建设、人才培养、服务现实等三方面。特别在政治学研究与实际结合方面，我们看到大批的堪称学贯中西的中青年学者，已经茁壮成长。他们深入实际，深入基层，进行调查研究。在理论研究方面，不断充实概念，同时与更加多样化的分析方法相结合，进而提高科研成果的学术品位，达到更好地为当前的政治体制改革和政治发展服务的目的。研究视野也更加开阔，而且紧密结合当前的政治实践，研究课题也在向更深层次，更广范围发展。从反腐倡廉到社区建设、市民社会，直到扩大基层民主的村镇选举研究，等等。中国的社会主义现代化事业需要政治学，所以它今后一定会得到长足发展。

附录1 政治大事记

公元前770年　中国进入春秋时期，随后出现了百家争鸣的局面

公元前6世纪　孔子提出了一个由士人阶层治理并继承和弘扬礼制的施政理念

公元前594年　雅典立法者梭伦制定的法律为古希腊民主奠定了根基

公元前431年　雅典政治家伯里克利宣称民主能为所有公民带来平等的正义

公元前4世纪　考底利耶建议统治者采取一切必要措施来实现国家利益

公元前399年　常年针砭雅典政治和社会弊病的苏格拉底被判处死刑

约公元前470—公元前391年　墨子提出尚贤思想，主张任贤使能，根据才干提拔士卿

约公元前380年　柏拉图完成了《理想国》，认为城邦的首要目标是实现全体公民的幸福

约公元前380—公元前360年　柏拉图在《理想国》中倡导城邦应由"哲学王"进行统治

约公元前350年　亚里士多德在《政治学》中论述了公民在城邦的管理和司法事务中的角色

公元前335—公元前323年　亚里士多德在《政治学》中对两类六种政府形式进行了探讨，并认为其中的共和政体为治理国

家的最佳政体

公元前 372—公元前 289 年　孟子进一步发展儒家思想

公元前 3 世纪　商鞅和韩非子等人的集权主张演变出法家思想，法家开始成为当时政治思想的主宰

公元前 2 世纪　汉朝宣布罢黜百家，独尊儒术

公元前 51 年　西塞罗在《论共和国》中倡导共和主义的统治

380 年　狄奥多西一世确立基督教为罗马帝国的国教

622 年　穆罕默德制定《麦地那公约》，建立起第一个伊斯兰教政权

约 940—950 年　法拉比借鉴柏拉图和亚里士多德的思想，在《美德城》中讲述了理想的伊斯兰王国的理念，并讨论了各种政府形式的缺陷

约 980—1037 年　波斯思想家阿维森纳实现了理性哲学和伊斯兰教神学结合

1274 年　托马斯·阿奎那对神职人员和神学的美德进行界定，并对自然法、实在法和神圣法做出了区分

约 1300 年　罗马的吉尔斯论证了法治对于市民社会生活的重要性

1377 年　伊本·赫勒敦指出，政府的宗旨应当是防止非正义

1532 年　尼科洛·马基雅维利的《君主论》问世，标志着近代政治学的诞生

1576 年　让·博丹在《国家六论》中对最佳的政府形式进行了描绘，呼吁欧洲各国树立国家主权，将权利与权威集中到君主身上

1625 年　胡果·格劳秀斯发表《战争与和平法》，对国际法的形成产生了深远影响

1651 年　托马斯·霍布斯在《利维坦》中提出，国家应以社会契约为基础

1689 年　英国议会通过《权利法案》

1689 年　约翰·洛克在《政府论》中提出，政府非在人民同意的前提下不能实施统治

1734 年　伏尔泰在《英国书简》中对英国的政治自由大为赞赏

1748 年　孟德斯鸠在《论法的精神》中倡导三权分立

1758 年　本杰明·富兰克林在《致富之道》中的观点为美国资本主义的发展铺平了道路

1762 年　让·雅克·卢梭宣称，社会契约的核心理念是主权民主

1770—1831 年　黑格尔提出其国家观念和绝对唯心主义

1776 年　托马斯·潘恩在《常识》中鼓动北美殖民地脱离英国统治

1776 年　美国发表《独立宣言》

1787 年　美国宪法将自然法当作实在法的基础

1790 年　托马斯·潘恩的《人的权利》在法国出版，对伯克的观点进行了反驳

1792 年　法国废除君主专制，建立共和国

1793 年　英国政治学家威廉·葛德文提出了无政府主义哲学，认为政治权利将对社会造成腐化

1820 年　黑格尔在《法哲学原理》中讨论了自由

1848 年　马克思和恩格斯发表《共产党宣言》，革命风暴席卷全欧

1867—1894 年　马克思在《资本论》中主张，推翻现有制度并走向共产主义是必然

1865 年　美国废除奴隶制

1868年　日本明治维新运动宣告了封建的幕府时代走向终结

1868年　美国黑人获得了公民资格

1892年　彼得·克鲁泡特金提出无政府共产主义思想，提倡集体合作下的生产和分配

1904年　古印度考底利耶的《政事论》被发现，并且在1915年翻译成英文

1905年　马克思·韦伯的《新教理论与资本主义精神》问世

1948年　联合国大会在巴黎通过了《世界人权宣言》

1968年　美国通过《民权法案》

1975年　柬埔寨共产党领导人波尔布特"扫灭历史"，宣布"元年"开始

1975年　英国政治家撒切尔夫人将哈耶克视为自己的思想导师

1979年　巴基斯坦领导人齐亚·哈克将军将出自伊斯兰教法的禁令和惩罚写入了法律

1988年　奥萨马·本·拉登建立基地组织，号召进行全球性圣战，让全世界都贯彻伊斯兰教法

1990年　《开罗伊斯兰世界人权宣言》发布，伊斯兰教法是其内容的唯一引述来源

1991年　苏联解体，分裂为了15个独立主权国家

1993年　诺贝尔和平奖颁发给曼德拉，以表彰他为废除南非种族歧视制度所做出的贡献

1994年　南非举行首次多种族大选，曼德拉成功当选南非史上首位黑人总统

1995年　英国哲学家戴维·米勒提出，虚构神话尽管并不真实，但却具有社会整合的功能价值

1997 年　中国实行"一国两制"制度，允许香港在回归中国之后继续实行资本主义市场经济制度

1998 年　于尔根·哈贝马斯《真理与论证》中，批评了阿伦特的立场

2001 年　"9·11"恐怖袭击事件之后，美国牵头的武装力量入侵阿富汗

2005 年　科威特妇女获得投票和参选议会的权利

2009 年　美国茶党发起抗议行动，提出了右翼性质和保守主义的减税要求

2009 年　澳大利亚学者艾琳·杰弗雷斯运用福柯的理论分析了中国的社会权力机构，强调了中国社会的理性特质

2011 年　全球经济危机中，美国爆发抗议贫富差距的占领华尔街运动

2011 年　土耳其军方高官辞职，首次将政治控制权交给总理

2012 年　叙利亚在颁布新宪法后迎来近 50 年来首次多党民主选举

2017 年　美国参众两院达成一致版本并表决通过的税改法案公布

2017 年　英国女王伊丽莎白二世批准脱欧法案，授权英国首相特雷莎·梅正式启动脱欧程序

附录 2　外国著名政治家中英文对照表（按英文名首字母顺序排列）

序号	中文名	英文名	国籍	时期
1	亚历山大·汉密尔顿	Alexander Hamilton	美国	1755—1804
2	亚历山大	Alexander the Great	马其顿	公元前 356—公元前 323
3	亚里士多德	Aristotle	古希腊	公元前 384—公元前 322
4	巴鲁赫·德·斯宾诺莎	Baruch de Spinoza	荷兰	1632—1677
5	本杰明·富兰克林	Benjamin Franklin	美国	1706—1790
6	克里斯提尼	Cleisthenesis	雅典	公元前 6 世纪晚期
7	厄菲阿尔特	Ephialtes	雅典	公元前 5 世纪
8	莱布尼茨	Gottfried Wilhelm Leibniz	德国	1646—1716
9	胡果·格劳秀斯	Hugo Grotius	荷兰	1583—1645
10	让·博丹	Jean Bodin	法国	1530—1596
11	让·雅克·卢梭	Jean-Jacques（法语）Rousseau	法国	1712—1778
12	杰里米·边沁	Jeremy Bentham	英国	1748—1832
13	约翰·洛克	John Locke	英国	1632—1704
14	约翰·穆勒	John Stuart Mill	英国	1806—1873
15	卡尔·马克思	Karl Heinrich Marx	德国	1818—1883
16	马库斯·图留斯·西塞罗	Marcus Tullius Cicero	罗马	公元前 106—公元前 43
17	拿破仑·波拿巴	Napoléon Bonapaite（法语）	法国	1769—1821
18	尼可罗·马基雅维利	Niccolò Machiavelli（意大利语）	意大利	1469—1527
19	柏拉图	Plato	古希腊	公元前 427—公元前 347
20	圣·奥勒留·奥古斯丁	Augustino of Hippo	罗马帝国	354—430

续表

序号	中文名	英文名	国籍	时期
21	苏格拉底	Socrates	雅典	公园元469—公元前399
22	梭伦	Solon	雅典	公元前638—公元前559
23	托马斯·阿奎那	Thomas Aquinas	意大利	1224—1274
24	托马斯·霍布斯	Thomas Hobbes	英国	1588—1679
25	汤托马斯·杰弗逊	Thomas Jefferson	美国	1743—1826
26	托马斯·潘恩	Thomas Paine	美国	1737—1809
27	列宁（弗拉基米尔·伊里奇·乌里扬诺夫）	Vladimir llyich Ulyanov, Lewiw	苏联	1870—1924

参考文献

[1] 易水寒,于凯. 政治家卷(一)[M]. 长春:吉林人民出版社,2005.

[2] 易水寒,于凯. 政治家卷(二)[M]. 长春:吉林人民出版社,2005.

[3] 易水寒,于凯. 政治家卷(三)[M]. 长春:吉林人民出版社,2005.

[4] 刘卫伟. 世界巨人大传丛书[M]. 呼和浩特:远方出版社,2006.

[5] 金秋. 世界名人传 华盛顿[M]. 呼和浩特:内蒙古人民出版社,2005.

[6] 金秋. 林肯[M]. 呼和浩特:远方出版社,2006.

[7] 罗兰德. 世界名人传 戴高乐[M]. 呼和浩特:内蒙古人民出版社,2005.

[8] 毕尚,风华. 百位世界杰出的政治家(上、下)[M]. 北京:中国环境科学出版社 学苑音像出版社,2006.

[9] 梅小燕. 世界名人传 丘吉尔[M]. 呼和浩特:内蒙古人民出版社,2005.

[10] 刘宝恒. 元首传 非洲卷[M]. 长春:吉林大学出版社,2006.

[11] 刘宝恒. 元首传 美洲卷[M]. 长春:吉林大学出版社,2006.

[12] 刘宝恒. 元首传 亚洲卷[M]. 长春:吉林大学出版

社，2006.

［13］佩里·斯科特·金，阿瑟·施莱辛格. 伯里克利［M］. 陈俊华，译. 北京：中国工人出版社，2010.

［14］邓力群. 中华人民共和国国史百科全书（1949－1999）［M］. 北京：中国大百科全书出版社，1999.

［15］于洪君. 当代世界大事概览（2012）［M］. 北京：党建读物出版社，2012.

［16］孙关宏，胡西春，任军锋. 政治学概论［M］. 2版. 上海：复旦大学出版社，2016.

［17］英国DK出版社. 政治学百科［M］. 张乎安，王剑鸣，译. 北京：电子工业出版社，2015.

［18］斯塔夫里阿诺斯. 全球通史：从史前史到21世纪（上下册）［M］. 7版. 吴象婴，梁赤民，董书慧，译. 吴象婴，审校. 北京：北京大学出版，2006.

［19］安德烈·罗伯茨. 拿破仑大帝（上下）［M］. 苏然，译. 北京：社会科学文献出版社，2016.

［20］杰弗里·罗伯茨. 朱可夫：斯大林的将军［M］. 李晓江，译. 北京：社会科学文献出版社，2015.

［21］伯纳德·康沃尔. 滑铁卢：四天、三支大军和三场战役的历史［M］. 陆大鹏，译. 北京：社会科学文献出版社，2016.